本书为2022年浙江省哲学社会科学课题（编号2022JDKTYB45）成果

四海创生

事功学说与温州华侨经济

◎金庆伟 著

瑞安文化研究工程 乙编 第2种

ZHEJIANG UNIVERSITY PRESS
浙江大学出版社
·杭州·

图书在版编目（CIP）数据

四海创生：事功学说与温州华侨经济 / 金庆伟著.

杭州：浙江大学出版社，2025.6. -- ISBN 978-7-308-25972-9

Ⅰ. B244.92；F129

中国国家版本馆 CIP 数据核字第 2025BV0699 号

四海创生——事功学说与温州华侨经济

金庆伟　著

责任编辑	潘丕秀
责任校对	蔡　帆
封面设计	周　灵
出版发行	浙江大学出版社
	（杭州市天目山路 148 号　邮政编码 310007）
	（网址：http://www.zjupress.com）
排　　版	浙江大千时代文化传媒有限公司
印　　刷	杭州高腾印务有限公司
开　　本	710mm×1000mm　1/16
印　　张	10.5
字　　数	182 千
版 印 次	2025 年 6 月第 1 版　2025 年 6 月第 1 次印刷
书　　号	ISBN 978-7-308-25972-9
定　　价	58.00 元

序 言

乙巳年春节刚过,庆伟君就发来他的新作《四海创生——事功学说与温州华侨经济》,希望我为这本书写一个序言。

初闻此言,我还是略有诧异和稍稍迟疑,觉得这么重要的专著,既没有邀请国内大家名师,也没有请相关领导,而是找一介书生写序。但转念一想,也许这就是我和他学缘和友缘所致,就欣然接受。

第一次知道金庆伟这个名字,是我参与他申请项目的评审。2022年初春,温州大学的"温州人经济研究"基地课题评审时,基地秘书发来了一份关于温州华侨研究的标书。看到材料的第一眼,想当然认为此类课题大多没有扎实的实地调查,很可能就是基于互联网搜索的案例。但认真阅读标书之后,兴奋不已。庆伟君的课题申请,整篇都是他实地调研的生动案例,远远超出了关于温州华侨华人研究的常规设计。自然这个课题中选了,当然也就是本书的最早起点。

这次评审给我留下了一个很深的印象,那就是瑞安有一个专门研究温州华侨华人经济的金老师。

第一次见到庆伟则是参加温大华侨学院一个学术会议,他应邀一个会议发言,而我正好是评论者。有了上一次的评审,我们一见如故,相谈甚欢。深入交流之后,才发现我们虽然各自专业背景不同、研究视角不一样、个人阅历也有很大差异,但对温州华侨华人的看法大多一致或基本相似,现场的感受真的就是英雄所见略同而惺惺相惜。他所调研过的企业、企业家,很多我也访谈过、研究过,自然就更亲切了。我们对于瑞安,乃至温州华侨华人发展的理解几乎一致,都认为是自发的,源自底层的活力和追求全球化的红利。对于温州模式,我特地告诉他,2014年我在意大利佛罗伦萨大学做访问学者时,就有很多关于意大利和欧洲其他国家华侨华人经济的调研,甚至我在意大利的学术会议中提出,结合经济全球化,温州模式在海外,也许更应该叫做温州人模式。

与我是从数学转到经济学不同,他是文学领域再到经济学研究,但也可谓我俩是殊途同归。庆伟君从采访华侨华人起步,从温州企业和企业家故事入手,演绎出关于海内外温州人创新创业的散文、小说等文学作品,其早期作品即多如此。

作为本土的温州人,采访的人逐渐多了,故事足够丰富了,按照分析案例理论,所谓的证据链语料足够充分了,其浸润的理论饱和程度就会趋于充盈的状态,无论故事的讲述者还是文学作品的写作者,包括我们从事华侨华人经济的研究者,一定会有若干的灵魂设问,为什么在海外发展得很好的华侨华人会来自温州,为什么是温州的瑞安人,又缘何是瑞安的塘下、湖岭等,而不是别的地方?为什么是他和她,而不是你我?

其实,中国人的关于做学问的哲学思考与西方科学研究思维是一致的。中国古人云,读万卷书不如行万里路,行万里路不如阅人无数。西方社会科学提倡要交叉验证,讲究证据链的完整性和系统性,讲究通过案例突破现有理论的局限而创新,讲究探索当事人背景和所发生事件之间的联系,讲究通过特定的社会网络来溯源事件发生的可能性和必然性。因此,探索温州华侨华人的上述疑问,必定需要到他们工作生活的地方看看,同时还要到他们出生成长的地方调研一番。对于这一点,中国本土和世界各地的学者研究路径都是一致的,而且是双向奔赴的,异曲而同工。国内学者遵循的研究路径是国内、海外再国内,而国外学者则大多是海外、中国再海外。华侨华人为什么要出国,如何走出去,创业地和出生地,成为海内外学者都同时深入了解的关键。我们中国学者到海外观察华侨华人的创新创业,意图了解他们在海外的创业秘密;海外学者则纷纷到中国,探究华侨华人的出生地,寻找他们在海外成功的中国式的基因密码。

作为身处瑞安的本土研究者,庆伟君有很多的亲戚、朋友、学生等在海外创业,他对于他们的了解,一方面基于在国内的日常接触和交流;另一方面,他多次在海外的实地调研,则有更多的实地冲击感以及解释这些现象的冲动。2016 年以来,庆伟君到十几个主要国家,进行了多达上百次海外侨领的采访。创业地的丰富多彩的商业模式和出生地的穷乡僻壤形成了很大的反差,也给了他很大的思考空间。把思考的起点回溯到温州,乃至中国的历史,追寻古人留下的智慧,成为他解读温州、温州人故事的钥匙,寻找属于中国的理论自信和文化自信,成为庆伟君研究转型的契机。从生动的故事和切实的理论提升,海内外的来回奔波之中,他找到了很好的解释,也成就了形成这本专著的基础。

庆伟君的这本专著与传统研究文献不同,可读性和故事性更强,理论的说明很有亲近感,更符合现代人的阅读习惯,也更能解释温州人、温州历史为什么能够产生温州模式,以及温州模式在全球化浪潮下的海外扩展。他用永嘉学派的义利并举,解释了温州人,尤其是温州商人的价值观,不仅不会竭泽而渔,而且同时追求商业利益和社会效益的平衡;用事功主义解释了温州人经商的目的性,其非常明确的目标就是要成就商业丰功伟绩,要发家致富,一定要光宗耀祖,不能锦衣夜行;他还用弥纶通变解释温州人的创新和变革。能够掌握时势的全局,并能在不同的时间和地点找到可行的方法,以往相关学者可能会在这三个维度择其一做一些解释,但庆伟君通篇考虑了温州人和温州历史、温州文化之间的关联,并将这三者完美地诠释了温州华侨经济的历史渊源和发展轨迹。从上个世纪上半叶温州老华侨的三把刀经济和中国改革开放初期的侨贸经济,到当下的出海经济,各个阶段的案例和人物,都随时与温州文化和温州历史交融契合,细微之处娓娓道来,让我阅读之时频频点首致敬。研读全书,掩卷遐想,深切感受到了庆伟君作为本土研究者,对温州这一独特现象研究的执着,为伊消得人憔悴、衣带渐宽终不悔,其蓬勃的内心世界,都化为全书的精彩文字,深深地打动了我们所谓的相关研究者。

本书的书名《四海创生——事功学说与温州华侨经济》,已经非常好地呈现了庆伟君对温州华侨经济的系统总结:四海创生,表明温州人是走向全球的各个地方,属于自发的全球化。我一直认为温州人的全球化是基于市场化基础的全球化,也就是说当温州商人觉得需要全球市场的时候,他就会自然跨出国门,走出去,而不是需要政府的动员和特别支持。温州人上个世纪就开始走向欧洲和非洲,率先开始了“一带一路”的生动实践。创生,这个词我非常欣赏,创业和生活,其实就是温州走出去以后的状态,既要做好生意,又要扎根当地,家庭建设、子女教育、社会服务、慈善事业等都会随温州人在海外的生意拓展而适时而至,犹如三月春雨,润物细无声。副标题“事功学说与温州华侨经济”则是说明了本书的研究主体和理论基础。书名的创意就是整本专著的点睛之处,彰显庆伟君深邃的学术功力和非凡的文学功底。

全书的架构精巧而有序,共分为六章,层层递进,逻辑严密。“引论”开篇即点明温州华侨经济与事功学说的紧密联系,以温州人敢为人先、勤劳拼搏的精神为引,阐述了事功学说在温州华侨经济中的扎根与传承。第一章“温州华侨经济的前世今生”通过详实的历史资料和丰富的案例,展现了温州华侨经济从历史到现代的曲折发展路径,让我们清晰地看到了温州华侨经济的脉络。第二章“温州华侨经济的学理基础”深入探讨了事功学说的内涵,以及它如何成为温州华侨经济的理论基石,为温州华侨在海外的商业实践提供了坚实的理论支撑。第三章“温州华侨经济的独特路径”则以丰富的实证研究,揭示了温州华侨经济在不同国家和地区的独特发展模式,以及这些模式背后的内在逻辑。第四章"温州华侨经济面临的时代挑战"直面当前全球经济格局变化带来的风险与挑战,分析了温州华侨经济在转型升级中遇到的困难与机遇。第五章"在弥纶通变中突破和创生"则以一种前瞻性的视角,探讨了温州华侨经济如何在挑战中实现突破,如何在创新中实现新的发展,为温州华侨经济的未来指明了方向。第六章"结论与启示"对温州华侨经济进行了总体评价,并总结了事功学说对温州华侨经济所产生的深远影响。

在内容解读上,本书更是亮点纷呈。庆伟君以深厚的学术功底和敏锐的洞察力,将温州华侨经济的发展与事功学说紧密结合,通过对温州华侨经济的深入剖析,让我们看到了事功学说在温州华侨经济中的生动实践。书中丰富的案例和数据,不仅增强了说服力,更让我们对温州华侨经济有了更直观的认识。从温州华侨在海外的创业历程到他们在不同国家和地区的丰富多彩的商业实践,从他们面临的挑战与机遇到他们在创新中实现的突破,书中都有详细的阐述和深入的分析。

本书的出版,对于世界温州人研究具有重要的意义。它不仅丰富了温州人研究的学术成果,更为世界温州人研究提供了一个全新的视角和方法。通过本书,我们可以更深入地理解温州人在全球经济中的独特地位和作用,更全面地认识温州人文化与全球经济的互动关系。同时,本书也为世界温州人研究提供了一个重要的参考和借鉴,为推动世界温州人研究的深入发展做出了积极贡献。本书也是温州学研究的重要成果之一。百年之大变局下,温州、温州模式和温州人,都需要精神和文化的迭代。温州学研究为温州经济发展服务,一定要有一大批像庆伟君一样的优秀本土研究者,更加关注当代温州和温州人及其背后的故事。

对于温州华侨及温州发展而言,本书的出版同样具有重要的现实意义。它为温州华侨在海外的发展提供了理论指导和实践样板,帮助他们更好地适应海外的经济环境和文化背景,实现自身的可持续发展。同时,本书也为温州如何利用其海外华侨华人群体助力实现经济的转型升级和创新发展提供了新的思路和方法。

跨国调研延绵不断,学术论著精彩涌现。让我们一起期待笔耕不辍的庆伟君关于温州华侨华人研究的最新力作!

张一力

温州大学商学院教授、世界温州人研究中心秘书长

2025 年 3 月植树节

目　录

引　论

哪里有机会,哪里就有很多温州人。温州人的这种流向或者去往的地方,往往预示着这里经济正在崛起,或已经崛起,预示着这些地方将是一片新经济的热土。

——题记

社会经济的发展从来是伴随文化的进步而螺旋式上升的。经济发展和文化之间的关系,如同鸟之两翼,车之两轮。2016年起,我先后到海外9个国家采访了400多位温州华侨,考察相关企业。有两点感受特别明显:一是哪个地方出现机会,温州人就向哪个地方大量聚集。温州人敢为天下先,对商业和商机有着独特的敏感性,这是温州海外移民的显著特征,也是文化特征。其次是温州华侨身上既有永嘉学派事功学说义利并举、经世致用和弥纶通变的思想,也有包容、冒险、闯荡世界的海洋文化精神烙印。到了一个陌生的地方,温州人往往很快融入,无论与当地的政府官员,还是当地原住民、其他国家的移民,都能很好地相处。我们每到一处,都能深切感受到。

"'这是最好的时代,也是最坏的时代',英国文学家狄更斯曾这样描述工业革命发生后的世界。今天,我们也生活在一个矛盾的世界之中。一方面,物质财富不断积累,科技进步日新月异,人类文明发展到历史最高水平。另一方面,地区冲突频繁发生,恐怖主义、难民潮等全球性挑战此起彼伏,贫困、失业、收入差距拉大,世界面临的不确定性上升。"①这是习近平主席在世界经济论坛2017年开幕式上主旨演讲中的一段话,深刻阐述了当下社会状况。我用了五年时间,以温州华侨海外创业史为主题,从不同国家、不同行业、不同年代写了15个温州华侨创业故事,全书共38万字。2022年,书稿《出海记》在浙江人民出版社出版后,我有股强烈的冲动,要把这些温州华侨从事的经济业态梳理,写一本关于温州华侨经济的书。我再度到法国、德国、荷兰、意大利采访新生代华侨以及国内各地采访温州侨资企业,比

---

① 习近平. 引导好经济全球化走向[G]// 中共中央文献研究室. 十八大以来重要文献选编(下). 北京:中央文献出版社,2018:569.

之前的写作对于温州华侨经济有了更深切的感受。温州华侨华人在海外创业的不易和艰辛难以用片言只语表述,可以说没有事功学说的文化精髓支撑,没有他们对自身文化的传承,温州华侨经济不可能有现在这样的成就。事功学说于此过程中培育出了一种精神的内在力量,加上温州独特的地理位置诞生的海洋文化与事功学说的融合,让温州华侨获得了一种强大的文化动因,而温州华侨在创造财富过程中也在不断拓展、优化、发展事功学说理论。

文化并非存在于真空之中。在社会发展过程中,社会经济与文化同频共振。中国的发展深受儒家文化影响,改革开放之后,我国实行和建立促进经济发展的社会体制,进行了系列经济体制改革。在改革推进过程中,多元文化,特别是儒家文化塑造的价值观念和思想直接作用于社会体制和社会意识形态,不断促进社会经济的发展。"经济发展也是人的发展,人的素质,包括文化素质会一定程度决定一个民族的技术与经济的竞争力。"①文化与经济之间有着多重维度的关系。简要概述,至少有三种方式:一是直接将文化视为产业,其主导下的消费和投资成为国内生产总值(GDP)的一部分;二是将社会文化和意识形态作为经济发展的动因,并作为社会经济进步和增长的内驱力;三是经济基础决定上层建筑,经济的发展影响文化的形成与变迁。以儒家文化为主导的社会经济取得令人瞩目的发展,中国独特的发展道路就是实证。20 世纪 70 年代末 80 年代初改革开放之后,国内经济增长率稳居世界第一,成为仅次于美国的第二大经济体,创造了所谓的"中国奇迹"。

优秀的文化给经济的发展注入了新的动力,它是催生优秀经济模式的催化剂,经济的发展也会带动优秀文化的创生。经济发展离不开文化,优秀的文化作用下必然产生优秀的经济,这是温州反复证明的事实。两宋时期,以温州先贤叶适、陈傅良等为代表的永嘉学派一批学者提出义利并举、通商惠工、敢为天下先的理念,这种思想深刻影响并改良了温州社会经济的发展。南宋学者叶适将前期学者思想集大成后,固定下来,并成为重要的学术流派。之后一千多年,温州人受制于"七山二水一分田"的要素制约,且在时局动荡中跌宕,但因循于事功学说的弥纶通变,温州逐步发展成为东海边的富裕之地。改革开放后,温州民营经济更是先行先试,率先崛起,用敢为人先的勇气创造出世界瞩目的"温州模式",成为全国民营经济的重要发祥地。

---

① 张世平.儒家文化与经济发展——国外研究述评[J].社会学研究,1994(3):68.

温州华侨经济是指由海外温州华侨华人投资、经营或与之相关的经济活动,这种经济形态涉及跨国经营、资本流动、技术引进和文化交流等多个方面。从北宋时期周伫到高丽做贸易,到晚清孙诒让遴选并资助学计馆中20位学生到日本留学,及至现在温州人移民130多个国家创业。温州人敢为天下先、经世致用、义利并举以及弥纶通变等事功思想是温州华侨经济在曲折的社会进程中永葆先发优势的文化基因,也是温州人自宋永嘉学派叶适、陈傅良等人提出事功学说以来,一直在继承中创新,促进温州华侨经济蓬勃发展的鲜活实证。温州作为中国著名的侨乡,近70万华侨华人在海外。这些温州华侨华人在全球范围内从事商业活动,并通过投资、贸易等方式对温州经济产生深远影响。温州经济中曾经出现了两个"80%"经济现象,即温州侨资企业的数量和投资额占到三资企业总数及总投资额的80%,外贸出口总额的80%直接或间接来自华侨和侨资企业。这些现象,凸显了温州华侨经济在温州经济中的重要性。

温州华侨经济作为温州经济发展的重要一翼,与温州民营经济同进退。在温州华侨经济的发展过程中,以永嘉学派事功学说为核心的多元文化为推动温州经济扮演了重要角色。华侨经济活动与市场紧密相连,事功学说强调实用、实效,重视实践与创新,追求实际效果,而非空谈理论。温州人敢闯敢拼,天下没有温州人不敢去的地方。温州人无论在哪里都能创业,都能很快在当地扎根、发芽直至开花、结果。事功学说提出的"通商惠工"思想中蕴含的商业文化,支撑温州华侨在海外创业,具体落实在华侨经济中,表现为灵活、进取、创新、务实,从小本经营到大企业,这是温州人常见的进阶模式。温州文化还特别包容,在最日常的民间信仰上,温州既接纳儒、释、道、基督、伊斯兰各教,也因为常年居住在海边,也认同"妈祖""陈十四娘娘"这些流行于粤闽一带的文化。这些离开故土四海闯荡的温州华侨,自然也将多元的温州文化带到了世界各地,他们重视教育,俭朴、孝顺、诚信这些品质流淌在他们血液里,在从事商业行为时诚信经营、尊重契约精神。

温州人以勤劳苦干著称。在西班牙、意大利、荷兰等欧洲各地,很多温州人,每天工作12小时以上。温州华侨非常重视血缘和地缘关系,强调家庭主义,家庭是他们创业的重要单位。温州华侨在海外某个地方立足后,往往是亲带亲,戚带戚,组成家庭作坊式手工业,慢慢形成家族实业。家族和乡群是温州华侨海外资源、资本、信息流动的重要渠道。也正是基于这样的文化,温州侨胞往往团结互助,形成社群,组建海外社团、商会,共享资源、互助信息、维权,促进华侨经济,形成独特的社群主义文化,增强温州人在海外的凝聚力。

温州华侨还有得天独厚的海洋文化的浸润。俗话说,靠海吃海,靠山吃山。温州濒临东海,除了广阔的海域面积,境内还有水系发达的三江(瓯江、飞云江、鳌江),海洋文化包容性很强,水能赋形,将水装置到什么样的容器,水就是什么样的形状。温州人也是如此,无论到哪里,都能很快融入陌生的社群,被当地人接纳,友好相处。海洋文化还鼓励冒险、开放,勇于探索,温州华侨是一群神秘部落,他们往往能从没有市场处找出市场,从鲜为人知的边缘经济的夹缝中杀出一条血路。近些年,温州很多华侨将欧洲阵地转移到东南亚、非洲、中亚,肯尼亚的温州华侨创业模式可以说明温州人的海洋文化特征。"适应人家的要求,我们才能生存、才能赚钱。"一位在肯尼亚做箱包的温州华侨这样说。肯尼亚经济相对落后,普通加工厂工人月工资在700—1000元,按计量结算。工人的工资反映了当地人的生活消费水平。为了节约成本,当地温州华侨从国内进口半成品,在肯尼亚组件成品,降低了制造成本,产品很受当地肯尼亚人欢迎,往往货还没出库,批发商已在工厂门口等候。一方水土养一方人,迅速融入当地经济基础和文化,因地制宜,因时而动,温州华侨这种商业文化特质表现明显。善于接纳先进管理,适应新事物和变化,这也是温州华侨为什么善于海外拓展,铺枝散叶的文化诱因之一。

这些优秀的文化支撑温州华侨经济在不断创新中发展进步。周其仁教授在很多著作和报告中提到温州永嘉先行先试承包到户的例子:"早在1956年下半年,浙江永嘉县就出现了包产到户——刚被卷入高级社的农民发现'大锅饭'带来出工不出力的消极倾向,就把集体土地划分到农户,以此约束集体成员努力劳动。"[①]"包产到户"作为党的十一届三中全会最为重要的改革模式,很早就已经在温州先行先试,还有比这个更早出现的家庭作坊式手工业,在温州更是普遍。这些传统无一例外,被温州华侨带到了海外,成为他们创业谋生的重要路径。21世纪以来,温州经济面对国内外市场变化,不断转型升级,注重创新、绿色发展,以开放合作的姿态积极加强国际合作,实现了从传统手工业、改革开放初期的家庭作坊式手工业到高新技术、数字经济、智能制造业、服务业等现代新兴产业的迭代升级,展现了温州经济的转变和活力。在温州经济迭代升级过程中,温州华侨经济自始至终是温州经济的重要组成部分和推手。

进入21世纪后,全球社会经济变得更加复杂。国内国际市场的多变性,给温州华侨经济带来了更多不确定性。当下中国正处于百年未有之大变局。俄乌战

---

① 周其仁.改革的逻辑(修订版)[M].北京:中信出版社,2017:8.

争、巴以冲突、中东战争等阴影笼罩,国际单边主义、贸易保护主义、经济霸凌主义等成为全球经济的动荡源和风险点,严重冲击影响产业链、供应链和价值链的全球化布局,国际贸易和跨境投资面临的风险倍增。人工智能技术的快速崛起与新一轮科技革命,加速国际产业分工的重塑和产业链分工的细化,这些新的现象给温州华侨经济带来很大的挑战。基于这样的认识,我从永嘉学派事功学说视域去研究温州华侨经济,一方面意欲从文化角度去考量华侨经济,带动温州华侨经济转型、创新、发展;另一方面也是要在全球化进程中,思考温州华侨经济如何破局和突围,进行讨论,并提出解决良策。综合上述认识,我将参照三个理论体系开展研究。

第一个参照系,马克思主义经济学原理。马克思主义经济学原理强调经济基础决定上层建筑,生产力决定生产关系。从经济运行的规律来看,上层建筑反过来也会影响社会经济的发展。物质文明和精神文明是相互依存、相互促进的。物质文明的发展为精神文明提供了物质基础和条件,例如,经济的繁荣可以支持教育、文化、艺术等精神文明的发展。同时,精神文明的进步也能够促进物质文明的发展,因为先进的思想观念和文化氛围可以激发人们的创造力和创新精神,推动科学技术和经济的发展。物质文明和精神文明在发展过程中相互影响,物质文明的发展水平决定了人们的生活方式和消费模式,进而影响人们的价值观和生活态度。而精神文明的发展则塑造了人们的思想意识和文化传统,这些因素反过来又会影响物质文明的发展方向和速度。马克思主义哲学中的社会意识相对独立性原理承认物质决定意识的同时,更要看到意识对物质的反作用。社会意识一旦产生,就具有自觉能动的性质和独特的发展道路,一定时期内或许会出现同社会现实存在不同步的现象,但不要被这种不同步现象所迷惑,实际上文化发展和经济发展的关系是血肉不分的,文化与经济的作用相辅相成,相得益彰。马克思主义经济学一系列经济改革的理论,为温州华侨经济的研究提供了科学的理论支撑。

第二个参照系,习近平总书记关于文化发展与经济发展关系的论述。习近平总书记指出,文化是经济发展的重要支撑,能够提升经济发展的质量和效益,同时,经济发展也为文化繁荣提供了物质基础和广阔空间。因此,要推动文化产业成为国民经济支柱性产业,促进文化与经济深度融合,实现文化产业数字化转型升级,以文化创新赋能经济发展,推动形成富有文化蕴含的新质生产力。此外,他还强调了文化在社会主义市场经济中的重要作用,认为文化是调节经济发展的另一只"看不见的手",有助于构建和谐的社会主义市场经济文化,促进市场经济健康有序发展。"在发展社会主义市场经济的条件下,许多文化产品要通过市场实现价值,当然不能完全不考虑经济效益。然而,同社会效益相比,经济效益是第二位的,当两个效益、两种价值发生矛盾时,经济效益要服从社会效益,市场价值要服从社会价值。"①习近平总书记关于文化发展与经济发展之间的关系的论述,强调经济发展,但是更强调经济发展过程中文化传承、文化自信的重要性,强调了文化传承对一个国家经济发展的作用。同时也给我们启发,永嘉学派事功学说作为中国哲学中与理学、心学并重的学术流派,且是在温州萌芽、成熟、完善并得到不同时期反复实践检验的,故选择这个文化角度去研究华侨经济,必定有研究的价值所在。

第三个参照系,温州模式。温州华侨经济本身是温州的产物,跟温州有着割不断扯不开的血肉联系。这种关系加上温州人的文化因素,与国际开放多层因素交汇,才有了温州华侨经济的产物。温州人秉持敢闯敢试、敢为天下先的创业精神,从发展家庭工业和专业市场起步,以"小商品大市场"名闻全国。温州模式和珠江模式、苏南模式,成为闻名全国沿海三大最有代表性的区域经济发展模式,也助力温州成了全国民营经济先发区。温州经济跟温州华侨经济之间,就好像一种母子关系,温州经济与温州华侨经济两者之间互为映射,互为注解。

温州模式是事功学说的生动实践,"温州模式"后来被看作解读与剖析以发展市场经济为价值取向、以全民富裕为最终诉求的中国改革的典型样本,从某种意义上说,与事功学说这一文化基因传承、渗透并作用于温州经济,关系密切。这对分析温州华侨经济是很好的参照系。

温州华侨经济涉及很多复杂的问题,温州人在海外有很多成功的例子,也有很多失败的例子。并非所有的温州华侨都是成功的企业家,进入所在国精英阶层的温州华侨人数也不多,大多数温州华侨还在社会中下阶层砥砺前行。数百年来,闯荡世界的温州人,带去了优秀的文化,并依循这些优秀的文化与当地经济、文化融合。但他们身上也有着固有的劣根性,这是任何时代都避免不了的。辩证地看待温州华侨的优与劣,理性思考温州华侨经济的发展之路,这在一定程度上代表了科学之意,美好的愿望并不代表必然产生良好的实践效果,就像事功学说所批判的理学上的唯心和片面性。经济的发展之所以螺旋式前进,也是来实证某种经济行为的成功往往是多方融合而成,是并非以人的意志为转移。"橘生淮南则为橘,生于淮北则为枳",随着时空的变化,相同的经济行为、经济模式在不同时间、不同区域

① 习近平.在文艺工作座谈会上的讲话(二〇一四年十月十五日)[G]// 中共中央文献研究室.十八大以来重要文献选编(中).北京:中央文献出版社,2016:132.

有可能出现此消彼长的结果。也正是如此,我们基于不同国家、不同时期的不同业态做实证分析,开展研究,就是为促进温州华侨经济进一步发展提供更好的借鉴。

综观国内外学术专著和学术研究,将温州华侨经济放在事功学说视域下研究尚不多见。学界从 1978 年就对华侨经济发展进行探讨,主要研究来自行政学与经济体制改革,相关研究论著 1000 余篇,总体数量上看仍比较少。研究主要集中于以下方面:一是对华侨经济的地位与实践意义。王晓健(2021)认为华侨经济的历史属性决定了华侨华人的祖国情怀,可以华侨经济、华侨金融为纽带建立和加强区域内联盟,提升区域内经济一体化水平,通过区域内多层次合作,促进华侨经济圈和华侨金融的发展,最终促进中国与区域内国家和地区的共同发展繁荣。[①] 二是华侨华人的经济优势。赵蕾(2020)指出华商人数具有显著优势,"华商在华侨华人中比例极高,2020 年全球华侨和华人资产超过 7 万亿元人民币,深刻影响着全球经济,华侨华人的经济优势有助于稳住外贸外资基本盘"。[②] 三是对华侨经济发展现状及未来走向的分析。张一力(2022)认为华侨华人会正向影响企业的发展,螺旋式创业适应能够促使华侨经济高质量发展。[③] 四是华侨华人对传播中华文化的贡献作用是不可或缺的,为中国文化的传播提供了各类型的方式方法。张秀明(2019)认为可以有效地宣传中国文化、中国形象,推动"一带一路"建设的当地化发展;[④]对华人华侨身份认同与文化传播进行细致分析。严晓鹏(2015)认为华人华侨希望始终与祖国保持绵延不断的关系,会乐于接受与中国传统文化相关的传播,中华传统文化对华裔青年能够更好实现自我价值。[⑤] 从事功学说的视域研究温州华侨经济,主要居于三方面考虑。一是温州华侨分布在海外 130 多个国家,原有的文化在社会发展过程中和所在国家、区域不断发生碰撞和交融,文化的继承和变异给研究带来困难,依循事功学说根脉,为溯源找到了明确方向。二是海外国家几乎没有专门的机构对温州华侨经济数据做统一的收集和辨析,这对数据的采集带来很大难度。虽然我获得了海外温州商会的大力支持以及黄宇先生的鼎力帮助,但数据采集的难度确非常人所能想象。三是海外温州华侨的流动性,也给研究

---

① 王晓健.新发展格局下华侨金融的发展[J].中国金融,2021(16):42-44.

② 赵蕾.发挥海外统战独特优势　助力国内国际双循环[J].贵州政协报,2020-12-31(3).

③ 张一力,麻芦娟.海外华商螺旋式创业适应研究——以非洲温州移民企业家为例[J].温州大学学报(社会科学版),2022,35(02):82-99.

④ 张秀明.华侨华人参与"一带一路"建设的优势与路径[J].中央社会主义学院学报,2019(04):155-164.

⑤ 严晓鹏,廖一帆.中华传统文化影响与海外华裔青年自我价值实现途径[J].八桂侨刊,2015(01):19-25.

带来很大难度。

　　本书将采取实证研究法、个案研究法和文献研究法相结合的方法进行研究。采取这样的方式研究,基于两方面的考虑:一是我们通过走访海内外温州华侨从事的各种行业,记录和收集了几百名人物的录音、视频和体现华侨经济的数据样本,基于这些温州华侨案例和他们的实践,可以相对全面地看到温州华侨经济的成果和未来趋势。二是温州华侨经济作为温州经济的重要组成部分,在当前经济背景下,从文献中归结事功学说的文化要义,以事功学说在历史演变中的创新视域来评述和分析温州华侨经济,期望给温州华侨经济走出更好的路径带来一些启示。还有一点需要强调的是,国内很多优秀的经济学家比如周其仁教授、姚洋教授等人对温州经济的发展都有深入研究,并在他们的专著中有着详细的描述和论证,特别是周其仁教授与温州有着深厚情结,改革开放之初,他就多次到温州调研,多本著作涉及温州经济的研究,给了本书写作不少启发。本书在撰写过程中,自始至终得到了吴伟赋教授、好友张晓华的鼎力支持,还有黄宇、夏远力、潘飞、廖贤钰、杨志产、罗晓伟、郑国伟、蔡一航等人的帮助,学生项大富帮助我前往肯尼亚采访,同事徐凡弟、虞臣杰、王双、王晓寅帮助我整理一些基础数据,在此深表谢意。

第一章　温州华侨经济的前世今生

温州华侨经济的"前世今生"可以理解为从历史上温州华侨经济发展的起源、演变到现代华侨经济状况的概述。这一过程见证了温州华侨经济从传统经济模式到现代工业、商业和国际化转变的历程。

第一节 温州华侨经济的历史起源与发展

1. 两宋至明清时期

温州位于中国东南沿海的浙江省,简称瓯,最早见诸文字的是《山海经》"瓯居海中"。南北朝郭璞则谓"今临海永宁,即东瓯,在岐海中",记述温州的前身是东瓯。宋理宗嘉熙年间,祝穆[1]在《方舆胜览》第九卷记载了温州的建制沿革:"春秋属越,秦属闽中郡。汉初为东海王之都。武帝时,东瓯举国内徙,属会稽郡之回浦县,后改回浦为章安县。章帝分章安县东瓯乡置永宁县。吴孙亮以会稽东部都尉为临海郡。晋明帝分临海郡五县立永嘉郡。隋改括州,唐初置永嘉州,复为括州。高宗分括州置温州。后建静海军使。国朝降为军事。咸淳元年八月旨系今上潜藩之地,升瑞安府。今领县四[2],治永嘉。"[3]同时,祝穆还引用当时的《瑞安郡志》,记载了郭璞建造温州城时的情况:"《郡志》:始议建城,郭璞登山相地,错立如北斗。城之外曰松台,曰海坛,曰郭公,曰积谷,谓之斗门;而华盖直其口。瑞安门外三山,曰黄土,巽吉,仁王,则近类斗柄。因曰:若城于山外,当骤致富盛,然不免兵戈火水之虞。若城绕其颠,寇不入斗,则安逸可以长保。于是城于山上,且凿二斗八井以象列宿。又曰此去一千年,气数始旺云。"[4]

---

[1] 祝穆(1190—1256):字和甫,徽州歙县人。尝受业于朱熹。所撰《方舆胜览》共七十卷。

[2] 领县四:指现在的瑞安市(包括现在的文成、泰顺及青田部分乡镇)、乐清市、永嘉县(包括现在的青田部分乡镇、鹿城、瓯海、龙湾和鹿城)、平阳县(包括现在的苍南)。

[3] 祝穆.方舆胜览(卷九)[M].《钦定四库全书》本:01.

[4] 祝穆.方舆胜览(卷九)[M].《钦定四库全书》本:02.

温州地理上经历了大震荡式的四次海退和海侵,形成"七山二水一分田"地貌,地理资源匮乏,人地矛盾尖锐,靠经营山区农业维持生活。仅为"一分田"的现实状况,温州人若只是依靠农业种植生存,艰难可想而知。宋代是温州经济发展的重要窗口期,南方良好的气候和自然环境为农业和手工业的发展提供了有利条件,大量北方人口南迁,不仅带来了先进的生产技术和经验,也增加了南方地区的劳动力。相对北方的战乱仍频繁,南方提供了更加稳定的社会环境,有利于经济的恢复和发展,温州的手工业、纺织业、制瓷业和造船业等领域取得了显著成就。宋朝实行开放的海外贸易政策,鼓励海外贸易,温州位于东海口岸,温州海域面积大,瓯江、飞云江、鳌江三大水系发达,瓯江是浙江第二大河,全长338公里。上游两大源流大溪和小溪在青田县城以西10公里处的大港头相汇合才真正称为瓯江。它在温州区域内流经青田、永嘉、瓯海、鹿城、龙湾、乐清六个县市(区)。飞云江上游分别是泰顺、文成和瑞安市的山区,与瓯江、鳌江一样,最终流入东海,与下游平原地区和海洋连成一体。温州三大江河将山区、平原、海洋连接起来,其文化功绩最突出的是沟通山区与海洋关系,成了它们间迥异文化结合的纽带。

据史料可查,三国时温州航海技术已经非常成熟,先民已熟练掌握利用黑潮暖流带①的航海技术。当时吴国水师就驻扎在瑞安南滨街道水域东海口与飞云江交汇处,聘用渔民训练水军,为温州海外贸易打下了了基础。到了南宋,政治和经济中心南移,宋金和议后,经济重心更是进一步南移至江南地区,像杭州、苏州、扬州等城市成为经济中心,这些城市的发展吸引了大量人口聚集,进一步辐射到温州经济。特别是永嘉学派事功学说上的"经世致用"和"通商惠工"被认可采纳,周行己提出的"交子"(纸币)的发行,为商贸提供了很大的便利。温州作为海上丝绸之路的重要节点之一,渐渐形成以渔盐业、农业和手工业为主的社会经济,尤其是丝绸、茶叶、青瓷艺品闻名遐迩。

"北风航海南风回,远物来输商贾乐。"这是宋代状元温州乐清人王十朋描述温州海上贸易的诗,宋代海外贸易是温州华侨经济的最初萌芽。三国吴赤乌二年(239),吴国就在东海岸口的飞云江和东海交接处设立横屿船屯,这是当时江南主要造船基地之一。瓯江下游南岸的瓯江港(即温州港),是河口港和海湾港兼具的

---

① 黑潮暖流:即日本暖流,因透明度高、水深而呈现出暗蓝色,故称黑潮。从菲律宾吕宋岛东面海域开始,沿着北太平洋西部边缘向北流经台湾东部沿海,再由台湾和琉球群岛的与那国岛之间进入东海,与其他潮流汇合,流向太平洋。日本暖流属上升流,从台湾岛东北进入东海,从而影响温州海域。其流速快、上升稳定、范围广、浮力大,且流向终年不变,是温州航海业发达的最有利因素之一。

天然良港,也是浙南闽北水陆交通的枢纽。由于港口优越,造船业发达,温州港成为中国东南沿海对外贸易的重要口岸之一,仅次于当时的泉州、明州二口岸。北宋,温州北上与高丽(今朝鲜、韩国)、真腊(今柬埔寨)、印度以至非洲就已经有商船往返,南下经台湾海峡与南亚各国贸易,温州所产的手工业品远销国外。陈傅良将之概括为"百粤三吴一苇通",北宋名臣"铁面御史"赵抃游历温州写了《自温将还衢题谢公楼》,描述当时的温州是"城脚千家具舟楫,江心双塔压涛波"。

宋真宗咸平元年(998),温州人周伫随商船到高丽(朝鲜、韩国)经商,结识高丽人蔡忠顺。蔡忠顺赏识周伫的才华,密奏王廷,留用周伫做礼宾省主簿。而后高丽王显宗避契丹南移,周伫"扈从有功",官至礼部尚书。当时高丽国送达宋、辽的外交文书多出其手。[1] 周伫是目前文字可循的首例移民海外的温州人,开启了温州人移居海外的历史。南宋淳祐年间(1241—1252),永嘉人王德用赴交趾(今越南)经商,拜见交趾国王。"王德用聪敏而富有才艺,亲与宴会,厚礼留之。"继王德用出国之后,永嘉人薛氏抵真腊(今柬埔寨)。据周达观在《真腊风土记》"异事"云:"余乡人薛氏,居番三十五年矣"。查周达观于元朝成宗元贞元年(1295)奉命随使赴真腊,次年(1296)至该国,推知薛氏于南宋景定年间(1260—1264)就始居真腊。南宋末代宰相陈宜中,永嘉人,因抗元失败,遂赴占城(今越南南部)求援兵。元世祖至元十九年(1282),元军伐占城,宜中赴暹(今泰国),而留居其国。这些历史记录说明了宋元时期温州人已相继移居海外生活或经商,不过出海并不远,基本在附近高丽(朝鲜、韩国)、真腊(柬埔寨)、暹(泰国)等国家。

两宋时期温州的繁荣,从很多文献中可以寻到印记。王羲之在温州做太守时曾一路沿着河流观赏百里荷花:"《郡志》:自百里坊至平阳屿,百里皆荷花。王羲之自南门登舟赏荷花,即此也。"[2]北宋时期,勤劳智慧的温州人还开凿了温瑞塘河,叶适在《东嘉开河记》里详细记录了当时塘河开凿的情况。宋朝大将韩世忠的儿子韩彦直任永嘉太守期间,因为温州土地多是涂泥,结出的柑橘有着独特的味道,特别是一种叫瓯柑的柑橘,苦中带甜,全国仅此一地所有,成为宋朝贡品。韩彦直也因为写下中国第一部关于柑橘的著作《橘录》而留名千古。温州文人辈出,从皇祐

---

[1]　据郑麟趾(1396—1478)著《高丽传·第三·周伫传》。

[2]　祝穆.方舆胜览(卷九)[M].《钦定四库全书》本:02.

三先生①到元丰九先生②,"名流继踵[同上(指《永嘉志》):此邦素号多士,学有渊源,近岁名流胜士继踵而出],(乡会)以齿不以爵(每岁旦于郡学养源堂上交拜叙贺,乡曲聚会,云云。郡守致酒三爵而退,至今以为常。自许横塘③始)。"④《方舆胜览》还说,温州因为土地少,致富不靠农业,手艺人多,经商人多,海产比地产多:"富贵不务本(《郡志》:土狭民贫,云云。啬用。嫁娶以财气相高,丧葬以缁黄自固),织纴工而器用备(《永嘉志》:温居涂泥之卤,土薄艰植,民勤于力,而以力胜。故地不宜桑而织纴工,不宜漆而器用备),不宜粟麦而稻足(同上),海育多于地产(商舶贸迁云云)。"⑤北宋文人程俱收录进《北山集》的文章《席益差知温州》还记录了当时温州的商贸与俚俗:"永嘉闽粤之交,其俗剽悍以啬,其货纤靡,其人多贾,其士风任气而矜节。"⑥

温州的瓷器、漆器、木雕、丝绸、蠲纸、雨伞等手工业产品,在唐宋之前就已很发达,大多经水路运销国内东南各省,还有相当部分销到海外。1966年,温州瓯海仙岩禅寺对面的慧光塔出土了檀木描金识文⑦经函,以漆灰堆塑佛像、神兽、飞鸟、花卉等,并镶嵌珍珠;底纹以描金技法,描绘有花草、迦陵频伽、各类乐器等。函底有金书"大宋庆历二年",可知经函制作于北宋庆历二年(1042),是宋代识文描金漆器工艺的典范。慧光塔还出土了舍利函,四壁周围及转角处采用了识文工艺,以运用起线的做法,先将漆灰捶打成团,再搓成漆线,最后用漆线盘绕出花纹,画面文雅凝练。这些手工艺品展现了宋代温州高超的工艺。

宋代温州港桅樯林立,商贾众多。一方面与宋朝经济繁荣有关,另一方面也与永嘉学派事功学说的推行和实践有关。两宋时期的温州无论经济、文化,还是社会治理都是此后一千多年封建时期的一个高峰。2022年12月28日,国家文物局在北京举行"考古中国"重大项目发布会,向海内外公布了浙江省温州古港遗址的考

---

① 皇祐三先生:指北宋皇祐年间(1049—1054)在温州传播中原文化的学者王开祖、林石和丁昌期。
② 元丰九先生:指北宋元丰年间(1078—1085)去中原汴京太学学习,研究"伊洛之学"的周行己、许景衡、刘安节、刘安上、蒋元中、沈躬行、戴述、赵霄、张辉九人,史称温州"元丰太学九先生"。
③ 许横塘:即许景衡(1072—1128),字少伊,因为他出生于瓯海区丽岙镇横塘(原归属瑞安),人称横塘先生,温州"元丰太学九先生"之一。明末清初被乡人尊崇为"瑞安四贤"之一。许景衡是一代名臣和杰出的政治家,学识渊博,精通古今。著作有《横塘集》等。
④ 祝穆.方舆胜览(卷九)[M].《钦定四库全书》本:01.
⑤ 同上。
⑥ 程俱.北山集(卷二十二)[M].《钦定四库全书》本:05.
⑦ 识文:是堆漆的一种,即用漆灰堆作阳线花纹或平地堆起显现阴线花纹,花纹与漆地同一颜色,表面不髹色漆。再在花纹上屑金、泥金,或打金胶上金和贴金,可称为"识文描金"。

慧光塔出土的檀木描金识文经函

慧光塔出土的宋代舍利函

古新发现。温州古港发掘区域位于古城中轴线上,介于朔门与奉恩门之间,是"东庙、南市、北埠、西居、中子城"的历史功能格局中"北埠"所在。古港遗址规模庞大、要素齐全,据考证,古港遗址自东晋建郡以来就是商贸繁盛之地,这是中国古代海上丝绸之路的历史见证,也生动再现了宋元时期温州港的繁荣景象。《东京梦华录》记载汴京城里"南门大街以东,南则唐家金银铺、温州漆器什物铺"[①];《梦粱录》

———————————

①　孟元老.东京梦华录(卷二)[M].《钦定四库全书》本:01.

记载临安城内"彭家温州漆器铺"①等,这些店铺是专售温州漆器,原来慧光塔出土的漆器之类手工艺品有 20 来件,验证了宋元时期温州民间手工艺水平之高。

明清时期,温州地区商贸开始繁荣,民间私营经济活跃,手工业和商品经济初步发展,形成了一定规模。温州临海,明清时期常常遭受倭寇袭扰。为了防御倭寇(日本海盗)的侵扰,温州建立了多处卫所。卫所是明代军事防御体系中的一部分,主要用于驻扎军队、训练士兵和防御外敌。瑞安卫、乐清卫、平阳卫、永嘉卫、南麂卫、黄岩卫(虽然名称中包含"黄岩",但实际指的是位于今温州市洞头区的卫所。黄岩卫在明代是防御倭寇的重要军事据点)。这些卫所在明清两代的海防体系中扮演了重要角色,不仅在军事上起到了防御作用,而且在经济和文化上也促进了当地的发展。明太祖洪武二年(1369)开始,日本倭寇经常到温州沿海地带偷盗杀戮,到了嘉靖时期,倭寇烧杀抢掠触目惊心。由于海岸线长,加上国力亏空兵力不足,嘉靖实行海禁,温州的海上贸易进入枯竭期。

康熙晚年,从国家安全的政治高度考虑,为了防备退据台湾的郑成功从海路抗清复明,听从了清浙闽总督屯泰"沿海省分,应立严禁,毋许片帆入海,违者立置重典"的意见,②实行"海禁",下令禁止东南沿海商民前往南洋贸易。直到康熙二十二年(1683)收复台湾后,温州港"准百姓装载五百石以下船只往海上贸易、捕鱼"③。到雍正时期,闽浙总督高其倬以闽省"福、兴、漳、泉、汀五府,生齿日繁,多无田可耕,流为盗贼,势所不免"④为由,奏请开禁,经雍正批准,全面解除南洋贸易之禁。与南洋贸易的往来带动了东南沿海地区外向型手工制造业的发展,这也吸纳了部分过剩人口。闽广等沿海省份华商前往巴达维亚(今印度尼西亚雅加达)的贸易重新兴旺起来。乾隆二十二年(1757)清政府又收紧海上贸易政策,仅允许粤海关(广州)对外贸易,关闭了江浙闽海关。

海禁—开禁—海禁,因时局变幻,反复出现。但无论康熙、雍正时代,还是乾隆时代,经济全球化的进程却是越来越快,海上贸易重新活跃,绸缎、生丝、瓷器、茶叶等不仅销往南洋、日本、中亚,而且远销俄国和欧美。德国人贡德·弗兰克在《白银资本——重视经济全球化中的东方》一书中说:"19 世纪之前,作为中央之国的中国,不仅是东亚纳贡贸易体系的中心,而且在整个世界经济中即使不是中心,也占

---

① 吴自牧.梦粱录(卷十三)[M].知不足斋本:04.
② 张习孔,田珏.中国历史大事编年(第五卷)[M].北京:北京出版社,1987:34.
③ 范文澜.中国通史简编[M].北京:北京联合出版公司,2020:657.
④ 清国史馆.高其倬传[M]//王钟翰,点校.清史列传(卷九—卷十七).北京:中华书局,2022:1060.

据支配地位。"18世纪末,中国在世界制造业总产量所占的份额仍超过整个欧洲5个百分点,大约相当于英国的8倍,俄国的6倍,日本的9倍,中国GDP在世界总份额中占到将近1/3。

长江三角洲和太湖周边地区商品经济十分活跃,工商业和农村工副业十分发达,城镇繁荣,百姓谋生之路很多。江浙虽然人口密度超过闽广两省,但人口压力不大,社会相对稳定。温州也是如此,人口日益繁滋,政府除了制定并实施诸如鼓励垦荒、兴修水利、劝农力田、提倡种植番薯和玉米等农作物新品种外,最主要是温州地区放宽人口流动,开放海上贸易,大力促进工商业的繁荣。

2. 早期出国谋生的移民(19世纪至20世纪初)

温州人移民欧洲,则是近代的事。从明太祖实行海禁到晚清,近500年时间里,温州人移民海外的海上丝路几乎中断。光绪二年(1876),英国借"马嘉理事件"胁迫清政府签订《烟台条约》,其中第三段通商事务第二款载明:"随由中国议准在于湖北宜昌、安徽芜湖、浙江温州、广东北海四处添开通商口岸,作为领事官驻扎处所。"次年增开温州为通商口岸,设立瓯海关①,设英国领事馆、海关,西方传教士纷至沓来,传教、建医院、办学校。与此同时,大批温州人也开始走出国门,加入海外移民大潮中。《江宁条约》允许其轮船行驶入海上;《天津条约》允许外轮驶入长江。当时最有名的海运公司有英国的太古,日本的怡和洋行,海上贸易利益尽其所占。

温州辟为商埠后,温州人到海外经商或谋生又热闹起来。1896年10月,"东瓯三先生"②之一宋恕在《致孙仲恺书》云:"田合通,曾一晤谈,原籍吾郡人,现已入德国籍,其母及其妻皆系西女。此番因为到日本办货,路过上海,据说生意每年多者十万(两)左右,利息约有五六千金(两)左右,不知其家底若何?其人不过西国一平常商人,粗通数国文字,非能讲士大夫之学也。"宋恕在信里提到田合通路过上海前已入德国籍,"其母及其妻皆系西女",而且侨居德国已久,宋恕1896年与田合通认识,田合通已经二十岁,田合通之父成为德籍华人,那应该是1876年之前了。至于具体是怎么到德国的,并未记录。

1886年,平阳县10余人被招募到古巴哈瓦那当苦力。1904年,又有10余人

---

① 瓯海关:光绪三年(1877),北门(今朔门)城外附近沿江岸边(今解放北路和望江东路转角一带)为关址。二月十八日,温州海关开关,温州港正式对外开埠,半年后改称瓯海关。1930年3月1日,国民政府整顿税收制度,调整常关,原瓯海常关所属50里以外分口瑞安、平阳(古鳌头)、大渔、蒲岐、坎门等5处及所辖旁口,划属瓯海关。

② 东瓯三先生:陈虬、宋恕、陈黻宸是晚清温州三大启蒙思想家,世称"东瓯三先生"。

被招募到南非做苦工。乐清人施静澜、郑铸仁等赴日本谋生。光绪三十三年乐清虹桥镇西联村张烈、陈梦熊（又名陈乃新）先后到印度尼西亚爪哇岛泗水埠侨校执教。1908—1912年,乐清县虹桥刘道法、陈加斌、倪丕柳等和永嘉县江北乡张堡村谷培生、张德清、谷锡龙等先后到印度尼西亚、新加坡从事木器业。

近代以来,中国原有的传统农业、手工业走向破产,人口增长的压力又使社会经济危机雪上加霜,农村人口,特别是山区人的谋生成了当时社会的突出问题。温州地处沿海,历史上居民因战乱、自然灾害等原因,有外出谋生的传统,再说仅为"一分田"的土地现状,山区居民靠农业耕作难以生存,迫使近代温州山区人下山,顺江进城市出海,自谋出路。明清时期,青田还属于温州,青田人就已经携带青田石雕向日本、南洋、欧洲和美洲出海。而同样急于寻求谋生之路的文成、瑞安、永嘉、瓯海等县与青田毗邻的山区地带的民众,得到先行出国的青田亲友的帮助提携,尤其是清末民初,许多温州人渡海出国,前往日本、东南亚、欧洲、北美等地,形成早期移民潮。温州的第一次海外移民高潮是从1918年到1923年,这个时期移民海外的温州侨民主要有两类。一类是以劳工名义应募去欧洲参战,战后留在法国。1917年,北洋政府加入协约国阵营,对德宣战,派出14万名中国人参战。这些中国人并非军人,而是没有上过战场的劳工,出国之前并不知晓要上前线。到了法国,他们背炮弹、运粮草、背伤员和尸体,甚至以肉身排地雷,战争中死亡人数近五万。战争结束后,参战幸存的劳工陆续回国,约三千人留在法国。法国里昂车站周围是华人在欧洲的第一个社区,其中就有不少温州人。

另一类是东渡日本做劳工然后转道东南亚。19世纪80年代,日本出现产业革命的热潮。据《日本近代史》记载:第一次世界大战期间,日本生产力比一战前增长四倍以上,工厂数、工人数和工业产量,都比战前翻了一番多。尤其是钢铁、造船、机器制造、电力和化工等重工业部门的增长非常突出。"一战"期间,日本雇佣工人1000人以上的工厂数,从85个增为166个。由于资本主义工业的迅猛发展,工厂企业普遍缺乏劳力,温州与日本海程短,往返便利。开埠后,招商轮船航行各埠,以上海为海内外航运的总舵。由此散发出去的航线,所经之处均有停泊口岸,大小不一。驶入长江的,其时称为江轮;驶入海里的,称为海轮。商务航船均设立货栈码头。浙江的航运码头当时只有两处,一处在宁波,另一处在温州,而温州下面只有瑞安。《清史稿·志一百二十五》记载:"故上海设总栈,而苏之镇江、南京,皖之芜湖,赣之九江,鄂之汉口,浙之宁波、温州,……皆设行栈""浙则有往来宁波、温州、穿山、定海、象山、宁海、台州、海门、沈家门、普陀山、余姚、西坞、瑞安、平望、震泽、南浔之小轮。"

当时,招商轮船局已在温州、瑞安设立分局,温州人赴日一般乘轮船到上海,先住进十六铺码头青田人开设的、宿费便宜的小客栈里,然后购买赴日船票或委托包客代办乘船手续。他们抵达日本大都在门司或大阪上岸。赴日船费不等,一般只需 15 银圆。而如果坐英国轮船到荷兰、法国等,需要 600 银圆。

1918 年 1 月 24 日,日本政府采取"互免护照"的政策,更是引发温州人赴日谋生热潮的。日本内务省令第一号《外国人入国有关规定》中明确规定,没有护照或者国籍证明书的外国人不可以进入日本国内。但是,由于当时中国政府对日本人进入中国境内免除其出示护照或者国籍证明书的义务,所以日本政府根据相互主义原则,对来日的中国人也给予了同样的待遇。这种互免护照的状况一直延续到 1939 年 3 月 1 日《有关外国人的入国,居住以及遣返的规定》颁布为止。

这个时候到日本做劳工的主要是温州山区农民。瑞安枫岭、桂峰以及文成县李山等贫困山区当时流传一句谚语:"山头人三件宝:火笼当棉袄,竹篾当灯草,番薯干吃到老。"这些山区海拔在 800 米以上,山高岭峻,当地人多以种番薯为生,受生活所迫外出谋生,像桂峰黄林村的吴田力,河上垟的胡雪章、赵兰贵就是东渡日本做劳工。

最早的旅日温州华侨以赴长崎、门司、神户、大阪、名古屋、东京、北海道等地为多。有卖纸伞,有到码头挑煤、搬水泥、运钢板等苦力;也有到炼铁厂、玻璃厂、纺织厂、制瓦厂等做工。湖岭镇归侨郑耕乾 22 岁到日本,开始卖雨伞,后进些眼镜、笔套、六神丸沿街叫卖,偶尔打杂做工。当时只有极少数华侨开客栈、做餐饮。瑞安华侨卢恒兴在大阪市南区田中町开设一客栈;黄柱生、黄柱禄兄弟在大岛町开设合吉客栈;瓯海华侨胡日池、胡日新兄弟在门司开设一间中华料理(餐饮)。这批华工文化程度很低,90%以上是文盲和半文盲,常常数十人挤住在一家小客栈,早出晚归,生活艰难,连衣服都买不起。日本工头对处境艰难的华工,不时施以威胁、殴打、克扣工资、敲诈勒索等手段。手臂被折断,头部被打破、腰部被击伤等情况时有发生,人身安全毫无保障。一战后到抗日战争爆发,温州赴日华工有 5000 多人。

1920 年日本发生了历史上空前经济危机。至 1922 年,工业总产值下降19.9%,采矿业下降 55.9%,煤下降 16.1%,生铁下降 16.7%,机器制造业下降55.9%,造船业下降 88.2%。各部门的设备 40%—50%闲置起来。在工业危机时农业也受到冲击,1921 年至 1922 年全国农户减少 33.5 万户,其中两万户以上为佃农和贫农。据 1923 年 3 月 4 日《申报》报道,日本政府曾为此照会中国驻日公使,

"希望中国能自动审查赴日之侨民,其原因近来无职业及不正当之华人,渡日者人数过多,该国已受极大之损害,故不得不出此云。"日本政府为了缓和社会矛盾和转移视线,采取了驱逐华工的措施。1923年1月,日本当局陆续将旅日华工的理发、伞商、茶业等工匠商贩驱逐回国。到了下旬,日本当局对华工的限制法规加严,多数华工难以工作,被迫回国。据《申报》报道,到1月底止,被迫回国的达2000人以上。以后几个月,一批批华工商贩被驱逐回国。2月下旬,横滨警察局曾训令各雇主:"勿再雇佣华工。"7月上旬,温州伞商韩茂生等80余人,因携带现款不多,在神户被禁止上陆,由日本"熊野丸"轮送回上海。

日本当局在驱逐华工商贩时常施以暴力,随意拘留、打骂和押送华工回国。据当时《申报》报道,1923年7月上、中旬,温州赴日贩卖雨伞、做工者共有400余人,其中第一批乘"吉生轮"赴日的135人中,仅35人准予入境,其余一概以"非经商者"为名拘至警署,数天后由"日光丸"轮押退上海。第三批赴日的114人,只20人准予上岸,其余均被拘入警署,数天后由"山城丸"押入警署,沿途随行随打,同行中有多人被打致伤。日本学者山胁启造在所著《近代日本的外国人劳动者问题》一书中,根据日本《帝国议会有关杂编说明资料》第4卷中的统计,将震灾前后(1923年8月底与1923年11月15日)中国侨日工人数及职业人数列表对照,很有参考价值。

温州曾经有过民谣:"平阳讨饭,文成人贩,永嘉逃难,洞头贷款吃饭。"温州乐清最早的海外移民,根据《乐清华侨志》记载,1901—1903年乐清连续遭受飓风,引发大水灾,沿海农民房毁人亡。1904年乐清县人施静澜、郑铸仁跑到日本谋生,1908年虹桥人刘道法跟随温州木工师傅前往新加坡做木工。"战争和饥荒导致复杂的驱逐和迁徙模式。"①可以想象温州百姓生活艰难。

3. 避乱逃徙期

20世纪20年代末和30年代中期,由于国民党反动派围剿革命党人,迫使一些革命党人逃离家乡,出国避难。1929年,温州各县又逢特大自然灾害,农业歉收,有的地方农业则颗粒无收,人民生活遇到了极大困难。1931年9月18日,日本关东军由铁道"守备队"炸毁沈阳柳条湖附近南满铁路,嫁祸中国军队,以此为借口炮轰中国东北军北大营,制造了震惊中外的"九一八事变"。1932年2月,东北三省

---

① R.Skeldon.中国移民[C].江华,译//周望森.华侨华人研究论丛(第六辑).北京:中国华侨出版社,2003:250.

全境沦陷。从 1929 年到 1937 年抗日战争全面爆发前夕,是温州第二次海外移民高潮,主要移民到南洋和欧洲各国。1935 年和 1936 年这两年,瑞安白门乡、梓岙乡、丽岙镇三个乡镇出国谋生的共 297 人(其中白门乡 62 人,梓岙乡 62 人,丽岙镇 173 人),主要流向法国、荷兰、意大利等国。文成县出国的共 334 人,主要流向新加坡、马来西亚等地,其次是去法国、意大利、荷兰等国,前者人数比后者多。据《瑞安市华侨志》记载,1923 年,日本关东大地震,仅横滨罹难的中国华工就有 4000 来人,日本当局纵容暴徒在横滨、东京等地残杀华工,有姓名可查的瑞安籍侨胞就有 202 人,很多温州华侨为了免遭毒手,逃到了东南亚,也有一些远渡欧洲。比较有名的瑞安县桂峰坳后村华侨张志玉带领 200 多名旅日侨胞回国,并在广州等地与 18 名同胞参加了抗日救国运动。桂峰乡河上垟村的华侨胡良夫、胡松元、胡从庄六兄弟,板寮村的朱明奎、朱洪奎、朱洪明、朱红玉五兄弟,桥头炉村的陈仁七六兄弟则相继去了德国和法国。乐清、永嘉、文成、平阳等县的华侨很多人到新加坡、马来西亚、印度尼西亚。他们不仅生活艰苦,而且还处处受洋警凌辱,甚至还被洋警抓捕、关押、打死。瓯海丽岙镇上坦村有个旅法华侨叫张新朗,1936 年他到法国巴黎做小本生意,因没有携带营业执照,被法国警察抓去关押了六个多月,吃尽苦头。该镇后中村有个旅法华侨张日钊,1933 年到马赛贩卖小百货,当地警察说他没有营业执照,打掉了他三颗门牙,鲜血直淌。该镇杨宅村还有个旅法华侨叫杨益来,1936 年在法国雷恩做小贩,法国警察说他没有久居法国的护照,把他抓到警察局活活打死,惨不可言。许多华侨目睹类似悲惨事件不断发生,不堪忍受,便愤然回国。当时丽岙镇在法国、荷兰、意大利三国从事小贩买卖活动有 302 人,在第二次世界大战前夕就有 230 余人回国。

抗日战争到第二次世界大战结束前,华侨开设餐馆寥寥无几,1946 年至 1956 年,海外各大城市华侨开设的餐馆如雨后春笋,荷兰较大的餐馆有 10 家:赵超的亚洲酒楼,胡玉森的香港酒楼,胡忠鹤的长城酒楼,胡永仕的瓯海酒楼,胡克善的上海酒楼,余忠的东风餐馆,胡志曾的南京酒楼,胡克黎的平安酒楼,高明灶的皇城酒楼,董振生的中国酒楼。传统的皮革业也迅猛发展。第二次世界大战前,瑞安丽岙镇旅法华侨 281 人,其中仅有 5 人开设小型皮革作坊。战后,温州旅欧华侨利用医治战争创伤的有利时机,大力发展传统的皮革业。温州早期出国的老华侨,由于他们在各国谋生、创业都饱尝没有文化知识的痛苦,因而深感自己开创的经济事业必须有文化知识的下一代来接班。他们利用国外科学技术先进和高等学校教育设备优越的条件,把自己的子女送到欧、美等国的高等院校培养深造;战后有些从台湾、香港、澳门去的温州籍同胞,他们中有的直接移居欧美国家,从事科学、文化、教育等工作,有的加入当地国籍,成为外籍华人。

抗日战争全面爆发后,海外温州华侨与海外华侨华人纷纷参加抗日救国运动。"九一八事变"后,旅英华工商和留英学生,相继成立了"反日同盟会""反帝大同盟""抗日救国会""中华民族武装自卫会伦敦分会""爱国公商会"等抗日救国团体,同仇敌忾,奋起抗日。1936年,旅英华侨为了联合伦敦、利物浦、爱丁堡等地抗日救亡团体,随时准备回国参加抗战。1935年,留德学生成立"华北救亡会"和"蹶起社",旅德侨胞成立"旅德华侨反帝大同盟"和"中华救亡会"。1936年3月2日,旅德各抗日救亡团体成立了"旅德华侨抗日救国联合会"设立了顾问委员会,组织了中国问题研究会、日本问题研究会、国际问题研究会。1936年冬,这个组织的会员发展到一百多人。巴黎及其他城市先后建立了"巴黎中华民众抗日救国会""旅法中国救亡会""旅法参战华工总会""旅法华工联合总会""旅法亚西华工同盟会"等抗日救亡团体。1936年1月,旅法各救亡团体组成"旅法华侨抗日救国联合会",1937年,旅荷侨领在阿姆斯特丹领事馆内成立了"旅荷华侨救国后援会",下设阿姆斯特丹、鹿特丹和海牙、乌埠等四个分会。在此前后,比利时、意大利、瑞士、波兰、苏联等国的华侨,也先后成立了以所在国首都为中心的抗日救亡团体。

这些抗日救亡团体中到处可见温州华侨的身影,他们与中国华侨汇成一股强大的社会力量,积极响应陶行知、王海镜、胡秋原于1936年8月24日《告海外同胞书》的提议,全欧侨胞不分党派,不问信仰,在抗日救国共同目标之下,团结一致御侮。[①] 温州华侨还在财力、物力上援助祖国抗战,义利并举,在中华民族面临生死存亡的关键时刻,自觉地参加抗日救国团体开展宣传抗日、抵制日货、声讨民族败类、捐款献物、团结国际友人等活动,彰显了温州华侨救亡图存的义理和精神。

4. 工商贾贸易期(20世纪中期至20世纪末期)

第三次移民浪潮出现在1979年至1998年。这次的规模远远超过前两次。1971年,中国恢复联合国安理会常任理事国合法席位。1978年党的十一届三中全会制定改革开放政策,逐步放宽移民出国审批手续,归侨、侨眷的合法权益受到法律保护。1979年开始实行改革开放以来,随着自由市场的发展和个人财富的聚集,更多的人可以更自由地流动,这为温州的第三次移民浪潮创造了更方便的局

---

① 全欧华侨抗日救国联合会成立大会宣言[N]. 救国时报,1936-10-08(1).

面。1985年9月,全国人大制定了向所有中国公民颁发身份证的政策,这意味着人们更加容易四处流动,凭身份证就可以流动和就业,而不用从工作单位或其他当地机构获得许可。10月通过了移民法,保证了中国公民境外旅行的权利并允许因私人原因出国。虽然获得护照仍然得寻求各种各样的渠道的许可,并且得从公安局获得出入境证。这个程序要通过一道道行政机构,除了护照,还要获得两类主要的中国护照:因公护照和因私护照。因公护照颁发给商人和学生,有效期二至五年。因私出国护照颁发给那些随行出国的配偶或亲戚,有效期五年。还颁发港澳台旅行许可证和出入境通行证。

1979年以来温州移民海外人数直线上升,1984—1994年,温州市移民海外者就达71138人。海外移民可以分成四种主要的类型,但并不是完全互相独立的:定居者、学生、劳务输出和非法移民。改革开放刚起步的温州与欧洲相比,经济差距很大,"外国的月亮比中国圆"一度是20世纪80年代流行语。这一波出国潮,有以探亲、考察、旅游等名义出国,有"劳务输出",也有被"蛇头"非法偷渡出国(温州方言叫"黄牛背")。温州人对移居海外表现出的热情,蔡克骄将其归纳为两个原因:一是内部的"推力",另一是外部的"拉力"。内部"推力"是指温州的自然环境差,迫使温州人外出谋生。外部"拉力"是指世界经济发展和资源分布的不平衡直接地吸引了温州人移民海外。[1]

每一次移民浪潮都与所在国政策与国内经济、政治形势相关联。改革开放后,国家放宽移民政策,欧美国家不定期实行"大赦",推行非法移民合法化措施,有力推进了国际移民的正常进展,也极大地促进了大批的温州民众以团聚、探亲、继承家产等合法途径涌向海外。第三次温州移民浪潮就是在这样背景下推动的。此时期恰巧全球化在世界范围兴起,内外时代背景使"能利用敢利用会利用的海外亲缘关系"的温州人获得天赐良机和广阔的发展空间。[2] 以致促成温州井喷而出的海外移民大潮。

第二次世界大战结束后,1950年至1970年间,欧洲经济持续高速增长,各国的国内生产总值年均增长率为5.5%,人均产值增长4.4%,而同期世界平均增长率分别是5%与3%。工业的增长率还要高些,达7.1%,而同期世界平均增长率仅为5.9%。到了这个阶段后期,欧洲人均产值几乎相当于1950年的2.5倍。这个

---

① 蔡克骄.华侨华人与温州经济[J].社会科学战线,2003(2):57.
② 徐华炳.温州海外移民形态及其演变[J].浙江社会科学,2010(12):82.

阶段的温州华侨华人经过战后十多年的努力,经济事业也与前两次移民浪潮有了很大区别。特别是中国实行改革开放政策,进一步落实各项侨务政策之后,华侨的第二代、第三代纷纷出国,温州华侨经济进入了崭新的历史时期。海外华侨在海外立足后,从事贸易、餐饮、零售、手工艺等行业,逐渐积累财富,形成商业网络。他们开始向家乡汇款、寄信,支持家族,初步带动了温州的经济流动。温州本地小商品经济兴起,如打火机、鞋业、电器等。华侨的资本、技术、市场信息、经验回流,促进本地企业升级。

90 年代中后期,富有经商头脑的温州华侨,纷纷移居东欧国家如罗马尼亚、匈牙利、捷克等国,其中罗马尼亚首都布加勒斯特,温州人在这里开设的贸易公司就有 300 余家,他们多数是经营温州服装、鞋革、工艺品及各类日用品。温州海外华侨、华人一方面把国内、各地和家乡的产品推向世界,为国家多创汇;另一方面从国外引进先进技术设备,帮助厂家提高产品质量,以利市场竞争。1991 年 7 月,经中华人民共和国对外经济贸易部批准,并报温州市工商行政管理局登记注册,荷兰 JDU 国际有限公司在温州设立办事处,专门联系协调出口贸易,进而拓展中外合资、合作项目,创办内联股份制合作企业和独资公司。至 1994 年 7 月,该公司温州办事处为荷兰 JDU 国际有限公司采购了中国对虾、调味品、副食品、丝绸服装、日用小商品、工艺品等运往欧洲,出口总值达 116.73 万美元;该公司还在温州成立了新时代房地产开发有限公司,由文成县旅荷华侨总会会长胡志光任该公司董事长,房地产总投资 1.2 亿元人民币。90 年代以来,温州的出口贸易从小额出口向规模经营发展,呈现逐年成倍增长的态势;贸易国家和地区已扩大到 37 个。据温州市有关部门统计,1995 年温州各类产品销往世界 75 个国家,其中出口东欧国家的占出口总额的 24.9%,出口"欧共体"国家的占 19.3%。1997 年 1 至 10 月,温州直接出口总值达 21.2 亿美元。目前,东欧、中东、拉美、非洲等国家已成为温州出口商品的重要市场。

第二节 温州模式与温州华侨经济同频共振

关于温州经济,周其仁教授在《改革的逻辑》里有一段话:"温州这个地方的企业,差不多都是从做内需市场起家的。纽扣、像章、眼镜、鞋饰、低压电器,这些当年赫赫有名的温州小商品,我想不出有哪样不是冲着国内消费者而生产的?那个地方没有什么资源,温州人的本事是做市场,十万经销员打天下,进而承包商业柜台,然后搞起发达的经销系统,终于带出闻名天下的制造业。离开了市场和经销能力,温州人的创业之梦——白天当老板,晚上睡地板——怕就圆不成了。"[1]在谈论温州华侨经济现状之前,要先谈谈与温州华侨经济有着千丝万缕关系的"温州模式"。温州经济的奇妙之处在于不按常理出牌,很难用某种范式去归纳温州经济的特点。

清末以后,温州人口增长速度很快,社会动荡,内外交困,传统农业、手工业走向破产,温州的农村人口和山区海岛人口的谋生成了当时社会的突出问题。在这种背景下,温州一些人走出封闭的山区到各地谋生。温州工业起步早、样式多,但是受土地要素制约,企业的成本很高,很难放开手脚,即便进入21世纪,土地要素仍然是制约温州经济扩大格局、向上升级的重要因素。

温州人胆子大,敢于冒风险。改革开放的春风尚未吹到温州田头,一些被社会称为"黑市"的家庭作坊、外出打工、无证商贩、地下建筑队、地下运输队等多种商业形式早就在温州民间市场活跃。我的母校是温州湖岭中学,张中友老师在他的遗稿《风雨春秋》里记录了1968年"分田单干"的经历,这种经历与1956年温州永嘉"包田到户"模式异曲同工。因为发生在1968年,更能展示温州经济的特点。

> 生产队劳动效益差,日工分值总是那么八、九毛,并且永远不见钱上手,比不得搞副业、做生意来得实惠,没了农药和化肥,工分值还打折扣,四清时抓阶干活,现在变成无人干活,由这个极端走向另一个极端,你说怪不。早稻种播下后,各人都尽其所能挣现钱了,会飞的飞(养蜂),善游的游(下溪电鱼),得跑的跑(跑单帮),能背的背(背树卖)。眼看着早稻秧苗窜得半尺高,生产队里还是无备耕动静,你看急人不急人。再这样下去,可能要重复五六年前的那场饥荒了。

> 唯一的方法是分田单干(那时不会讲包产到户或联产承包)。农村目前的生产方式最有利于单家独户经营,那种没有生产自主权,大呼隆出工,绝对平均主义的做法严重挫伤农民的积极性,特别在当前,"巧妇难为无米之炊"(无化肥农药),干部难以领导生产的情况下,不搞生产自救,那只有"两个指头套鼻孔——等死"的份了。

> 我队关于分田单干的事宜已商议二次了,十七位代表俱慷慨陈词力陈眼前的困境,列举分田到户的必要。张岩宝说起话来有点悲壮,大有"壮士一去

---

[1]　周其仁.改革的逻辑(修订本)[M].北京:中信出版社,2017:292.

分不复还"之气概。他说："你们当家的把田分了，谁要怕死，头儿就统统推给我，责任由我负，坐牢由我去，头砍去也只有碗口大的疤，怕什么！"他还是不离那句口头禅。

　　事态的发展真有点意外，好几个生产队的社员都背上丈量土地的竹竿，拿上算盘账本在付诸分田的实际行动了。在社员们的催促下，我拿上账本和算盘随着大家出发了，用不了半天时间，就把早稻田分到户了，以后又相继把其他田地也分了。

　　尽管插秧的季节推迟了点，但分田到户后，生产进度却意外的快，只用了短短的七天时间就完成了生产任务。①

"温州模式"是永嘉学派事功学说注重价值层面理念、原则与社会治理过程的结合，并由此形成行之有效的独特运行的经济方式。永嘉学派被黄宗羲、章学诚等学者称之为"发轫于北宋、形成于南宋而兴盛于明清的浙东经史之学"，是"温州模式"形成的哲学基础。它着眼于经济发展内驱力，力求从政治体系到哲学体系承认、接受和适应这种变革。叶适等人在"以利和义"的事功理念和批判求实的基础上，否定几千年来的轻商重农、"抑末厚本"，建议"以国家之力扶植商贾，流通货币"。这种思想对温州后续经济发展起到了深远影响。张中友老师记录的在永安乡亲自参与分田单干的事例，对于温州人先行先试是个有说服力的实证。除了参与分田单干，张中友老师还在青年时期亲身经历"背树"的故事。张老师以《背树狂潮》为题，用近3万字记录了青年时代参与背树的过程。他在引言里这样描述：

　　1967年、1968年，我一无药品、二无医疗器械，根本无法行医，赤脚医生实际上成了空架子。为了生活，我汇入了几万人参与，席卷整个浙南的背树狂潮。这股狂潮可能是全国独一无二的，它形成的社会根源是什么？背树客的特定生活怎样？狂潮产生的影响力如何？很值得熟知这段历史的人们追忆和深思！可谁人给予评说？如果我不做一些真实的记载，也许就被历史遗忘了。

而在文章结尾，张老师做了评述：

　　背树活动初起1964年，结束于1979年，历时15年。由于受特定的社会和经济环境的影响，后来逐渐形成了有相当规模，相当影响力的背树狂潮。

---

　　①　张中友：原温州市瑞安湖岭中学校医，曾在永安中学做过15年教师，遗稿《风雨春秋》21万字，记录了他1944年到1984年的四十年经历。

背树狂潮席卷了整个浙南,参与这一活动的不下十几万人,并在各地形成了大小不一的木材自由市场。我乡凤山头市场属于中等规模的,高峰时参与买卖的每天一、二千人,日贸易额几十万元,成交的木材由水路、陆路源源出运,供应温瑞平原几百万人口的木材需求,在那个对自由经济、个体经济谈虎色变,政府肆意打击市场经济的非常时期,形成这样的规模是不可想象的。1978年底十一届三中全会以后,国家的政策发生了根本性的变化,人们可以自由选择挣钱的机会,全国范围内商品(包括木材)开始流通了,瑞安县政府曾批准设立永安乡凤山头木材市场,可是这个市场反而撑不下去,不久就散伙了。①

温州人走南闯北,闯荡世界,与温州地方党委、政府积极推进农村经济改革,放手发动群众搞经济,不无关系。改革开放后,温州党委政府在办好乡镇工业的同时,指导农民办小厂,依靠千家万户办家庭式工业,逐渐形成温州特色的经济道路。温州匠人多、艺人多,以此走南闯北,移民到日本、新加坡、欧美等地的老华侨,很多人在海外就是靠手工活谋生的。以温州瑞安为例,目前还在民间活跃的工匠艺匠就有几十种:木活字印刷术、蓝夹缬印染技艺、弹棉机制作、手工豆腐、屏纸(被誉为中国造纸术的活化石)、做粉干、做素面、做碴糠拌酒糟酒、老酒汗酿制、古法酿制酱油、李大同茶食品、莘塍五香干(始创于清光绪年间的中华老字号)、裁缝、打铁、圆木家生、车木、做篾(温州谚语:嫁给做篾郎,一双锉刀带上床)、砌石墙、打银、木雕、竹编、灰塑(给寺院做佛像、做寿桃)、剃头、制作蓑衣、制作陶器、弹棉(与瑞安李毓蒙发明的弹棉机不一样,是温州民间背着"花弓"去弹棉花被)、做草鞋、做糖金杏、织布、瓯绣、剪纸、制作花灯、中医正骨、做米塑、吹糖人〔被誉为唐(糖)僧游火焰山的功夫〕,还有民间艺术昆曲、温州鼓词、藤牌舞(抗倭时流传下来)、瑞安高腔(已是濒危技艺)、唱莲花(上手主唱下手伴奏)、花鼓(扶鼓击锣一女演唱)、乱弹(传承了上千年的民间草根戏曲)、抢排殿猪、舞龙、划龙舟,等等。②

这些门类众多的手工业,让温州人四海闯荡有了更多的本钱。民国时期到日本的两位姓胡的桂峰华侨,就是在日本制作麦芽糖、做雨伞谋生。温州龙湾、苍南、瑞安等地有很多处瓦窑,在肯尼亚的一位华侨就是在那里做碗碟。在荷兰海牙,我见到一位70多岁的华侨,最早就是在著名的拦海大坝工程新造的弗里斯兰省做米

---

① 张中友手稿《风雨春秋》完成于1990年。
② 陈思义.记录:非遗老手艺[M].北京:中国民族摄影艺术出版社,2013.

塑,养家糊口。温州人常说技多不压身。2023 年,温州华侨在西班牙马拉加成功培植温州杨梅。一位在意大利开餐馆的朋友,带了几株茄子苗,在安科纳住家栽培。《风雨春秋》记述了开垦番薯园的经历,温州人灵活的经济自救方式处处可见。

1971 年 2 月,我的家庭成员增至七人,七口之家在那时说大不大(有每户十几口的),说小也真算不小了。维系一家生计的只有我一个人,我每月的工资只有 26 元,26 元平摊到每人身上是 3.7 元,按当时的物价,3.7 元相当于 6 斤不到的肉或 11 斤大米,那么我们是怎样安排生活的呢?说来真不可思议。

"民以食为天",这是谁也不能否定的事实。随着人口的增加,我所在的生产队人均占有土地已由四分降为三分半,以亩产八百斤计算,扣除"交了国家的,留足集体的",我家分得的口粮最好年成也只有一千四五百斤,粮食不多,粮款却又是一项负担,为了家中少超支,妻子常抽空割草积肥投给生产队,我则利用节假日参加生产队劳动,一个长长的暑假除完成自家农活外还可挣五六百工分,工分同粮价相抵,一年只需交六七十元就能把生产队的粮食买来,不过全年下来,我基本上没有一天空闲时间了。

其他生产队是不让教师参加集体生产劳动的,原因是你已有了固定工作,不能再同人家争饭碗,谁参加了也只能算义务劳动,而我生产队却不存在这种情况,因为我一直参与生产队的计划和生产事务,再加人随和,肯帮助人,我的困境能被队里人所理解。我兼着大队干部,能起着上情下达的联系作用,为维护本队的利益出过力,因此大家乐意我参加队里生产,同队人的宽厚胸怀为缓解我过多的"超支"大有裨益。

光集体分配的粮食是不能满足全家口粮的,我就来个队里不足队外补,1961 年队里分自留地就多分了点,地点是"鬼风坳",此处离村极远,山场广,又不宜林,村里管理鞭长莫及,后来各户就在周围搞扩种,连散布在沟沟梁梁燕子窝般的土窝窝都开垦了种上番薯苗,哪怕一天只开上几平米的地。那时我刚从学校回家,饿怕了就天天去开垦山坡地,几个冬春干下来,自留地就扩到一亩多,可栽种二千多株甘薯苗,能收七八百斤甘薯丝,这些粮食补充进我家粮仓,吃饭问题就解决了,尽管大多是很难下咽的番薯丝。

对于这样的秘密除本队人心照不宣外,对外队人是绝对保密的,替自家干活得全队人统一行动,从下种到收成从不单独行动,人家是真真假假谁也弄不清。这并不是我们特别胆小,怕的是被人抓了辫子挨整,因为隐瞒黑地、扩大自留地一旦被发现,"政治上搞臭,经济上搞垮"的惩罚是谁也承受不了的,一直到 1978 年,这些黑地最终都没有被发现,在那个到处缺粮的年代为我队起到了不可估量的作用。

周望森在《建设"温州学"刍议》中对温州人的精神有着准确的描述:"温州精神,却不是谁教出来或赋予的,它是从世世代代温州人反复实践中来的,据实总结出来的,也是温州人精神面貌的写照。所以,温州精神是温州人文文化中的一大品牌,核心之所在,最具温州地方特色。"①

事实如此,温州经济处处显示敢为天下先的变革性。改革开放后,各种政策放开,在夹缝中艰难生长的温州经济也最早生发蓬勃的姿态。当时温州作坊式的家庭工业很快让温州人富裕起来,"走遍天下,不如莘塍塘下",民间顺口溜形象概括了温州经济的活力。温州的经济模式也引起了国内媒体和经济学家的关注。1983年 12 月 8 日,《人民日报》刊登《农村商品生产发展的新动向——浙江省温州农村几个专业商品产销基地的情况调查》。1984 年 1 月 23 日和 2 月 13 日,《世界经济导报》先后发表《温州农村发展商品生产的一个窗口》《"当代徐霞客"谈温州人》两篇文章。1985 年,国务院农牧渔业部顾问林乎加、中共中央书记处农村政策研究室主任杜润生、中国社会科学院院长马洪相继到温州调研,温州经济模式得到政府和学界肯定。同年 4 月 14 日,温州市委向浙江省委并中央书记处农村政策研究室报送《关于温州农村发展商品经济情况的报告》,描述汇报了党的十一届三中全会以来温州发展农村经济的做法,"温州农村办工业,走的是分散型、小而专的道路,是劳动密集型,采用手工加机器,生产小商品为主,修旧利废,拾遗补阙,对国民经济起了积极有益的补充作用。这种模式投资少,周期短,见效快,致富面大,而且船小掉头快,能适应市场变化,有利于积累资金和培养人才。几年来,温州农村采取这种"模式",收到了令人满意的效益。以十大商品产销基地为例,1984 年成交额为 9.55 亿元,解决了 28.3 万多个劳力的就业问题,为国家提供 3569 万元的税收,为集体提供 1964 万元的积累。

当时温州民间有一首打油诗,形象地概括了温州农村经济的蓬勃发展。

改革春风吹大地,百草发芽柳青青。

---

① 周望森.建设"温州学"刍议——"潮州学"的榜样效应[C] //周望森.华侨华人研究论丛(第六辑).北京:中国华侨出版社,2003:1.

　　柳市造开关,虹桥卖服装。

　　桥头出纽扣,永嘉弹棉花。

　　江北阀门厂,龙湾不锈钢。

　　瑞安汽摩配,平阳剃头帮。

　　马屿卖眼镜,陶山卖箱包。

　　解北皮鞋店,品牌响当当。①

　　1985 年,《解放日报》新闻部主任张也平到温州采访后写了专稿《乡镇工业看苏南,家庭工业看浙南——温州三十三万人从事家庭工业》。5 月 12 日《解放日报》头版头条发表并刊发了评论员文章《温州的启示》,对温州农村的经济发展路子做了概括,"温州农村这条经济发展路子是'逼出来'的,'放'出来的,温州人'闯'出来的,既符合党的方针政策,也符合温州实际情况。温州给予人们的第一个启示,是他们善于从本地实际出发,充分利用乡村中传统的手工技艺和温州人走南闯北会做生意的本领,采取兴办家庭工业和各种专业市场的独特方式,发展各具特色的小商品生产,搞活供销,达到发展生产、繁荣经济的目的。第二个启示,是他们敢于摒弃那种唯'书'不唯实的思想方法,各级领导走到群众中去,深入调查研究,克服'左'的影响,支持群众的首创精神。"②从启示里可以看到温州模式的独特性。1986 年 4 月,时任国务院副总理万里专程来瑞安考察温州模式,主持召开著名的"七级书记会",研讨商品经济发展。80 年代的温州比户织声,机器轰隆,像瑞安的莘塍塘下、乐清的柳市虹桥,永嘉的桥头,家庭工业热火朝天。温州在民营经济发展大潮中扮演了探路先锋角色,成为中国市场经济的主要发祥地。温州创造了许许多多的"全国第一",从全国第一家弹棉机器厂、第一家乳品厂,到全国第一批个私企业、第一批专业市场,再到全国第一座农民城、第一个"三位一体"农村合作协会,颁发第一本个体工商户营业执照,成立第一家城市信用社,制定第一部私营企业条例,出台第一个股份合作企业地方性行政规章,第一个购买航空经营权,第一个实行金融利率改革等等。温州民营经济为当时的温州地方财政贡献了约 90% 的税收,85% 的地区生产总值,90% 的科技创新,93% 的就业人员,98% 的企业数量,在国民经济各个领域均发挥着重要作用。

---

　　① 永嘉、瑞安、龙湾、平阳是温州下属的县,柳市、虹桥、桥头、江北、马屿、陶山、解北是温州下属县区的乡镇。

　　② 《解放日报》评论员.温州的启示[N].解放日报,1985-05-12(1).

张也平的这篇文章对温州经济模式最终得到中央肯定,意义重大。其中有这样一段话:

> 至1985年4月,温州家庭工业(包括联户工业)已达13.3万多个,从业人员33万多人。1984年年产值达7.5亿元,占全市工农业总产值的1/6以上。温州市农村家庭工业蓬勃兴起,短短几年,已创造出令人瞩目的经济奇迹。如今,"乡镇工业看苏南,家庭工业看浙南",已为人们所公认。温州农村家庭工业的发展道路,被一些经济学家称为广大农村走富裕之路的又一模式——"温州模式"。同时,还把温州农村家庭工业发展的特点概括为:以生产小商品为主,靠农民供销员和农村集市购销搞活疏通渠道,靠一大批能工巧匠和贸易能手开辟致富门路。

原《解放日报》国内新闻部主任张也平

《口述改革历史》一书收录了张也平回忆采访经历的文章:"当时我们一共跑了三个县下面的乡镇,有的主要搞塑料编织品,有的搞再生布纺织品,有的搞一些小五金、低压电器,等等。当时千家万户投入商品经济的蓬勃景象令我们深受感动。"

2006年,我两次陪同北大经济研究中心姚洋教授在温州瑞安调研,姚洋教授认为瑞安的GDP、人均收入和工业产值与实际情况不对称。实际上,瑞安是藏富于民,当时的户籍人口112万人,到外地创业做生意的占了大多数。移民海外的华侨总数16多万人,超过户籍人口12%,为当地创造了很多隐形财富。

《解放日报》1985年5月12日头版关于"温州模式"的报道

　　研究温州华侨经济先探讨"温州模式",是因为温州华侨经济虽然生发地在海外,但作为温州经济的另一翼,两者骨肉相连,华侨经济是温州经济模式的重要实践和补充。温州华侨经济的曲折道路也是温州经济模式的影印版。温州自由、活跃的经济和独特的治穷致富路子,既是中国乡村家庭工业蓬勃发展和专业市场兴起的示范样板,也是温州华侨在国外闯出"温州模式"新路径、新天地的母胎,可以说,没有温州经济模式的示范样板,就没有现在的温州华侨经济这样的状态。

　　"邓小平的贡献,是把国家政策的方向,转向了对促进生产力的自发合约提供合法承认与保护。"①改革开放的事后承认,对生产力的发展起了重要作用。国家政治体制对温州民间实践有效的事后承认和肯定,上升到国家层面让它成为一个法律,这是非常重要的经验。回过头来讲,温州模式承担了先行先试的使命。历史上无论是南宋还是晚清时期,温州人一直是这么干的。面对变局、危局,他们总是在实践中千方百计找出路,去实践。温州人所谓商业嗅觉的敏锐,也是在长期实践中锻炼出来的。

这种先行先试在温州华侨身上更为明显。温州移民海外的第一波浪潮为什么是去日本呢?那时候因为整个亚洲就日本产业革命最成功,工业化带动日本持续快速发展。明治维新之后,日本全面实现工业化,温州华侨选择了日本,就是选择了全亚洲经济最好、就业机会最多的地方。第二次移民浪潮很多人转向欧洲,已经在日本的,也纷纷离开日本转向欧洲和东南亚等地。那是因为一战之后,欧洲、东南亚是全世界经济崛起最快,经济正在全面复兴的新热土。最近十年温州华侨选择了中东或者俄罗斯,还有很多人选择去非洲、南美,也是预示着经济风向的改变,这些地方蕴藏着更多机会。温州华侨的移民浪潮,验证了事功学说和温州模式的内涵。温州华侨不同时期出现的不同现象,正是对应了一个核心:哪里有机会,温州人就往哪里聚集。温州人的这种流向或者去往的地方,往往预示着这里经济正在崛起,或已经崛起,预示着这些地方将是一片新经济的热土,就是创业机会最多的地方。

永嘉学派事功学说还有一点特别重要,无论是宋代的周行己、薛季宣、陈傅良、叶适等人,还是晚清的孙诒让、黄绍箕、陈虬等人,他们不只是理论的建设者,更是行动派,学术和实践知行合一。周行己提出交子理论,并得以施行。叶适在南宋朝廷节节败退,奉旨镇守长江,实战能力远远超过一干武将,还给南宋半壁江山。孙诒让在中日甲午战争失败后,走出书斋,兴办新式学校309所,创办众多实业。党的十一届三中全会之前,温州人就已经在个别村镇实行包产到户、分田单干试验,还有在部分乡村开始作坊式手工业。这些先行先试的创举两千年来就没有间断。在国家危急关头,事功学说并非仅仅一种理论、一种呼吁,而是温州人的行动证明。1937年,许多温州华侨极其迅速地组织抗日救国同盟,有的直接回国参加抗日战争,有的组织运输抗日物资,有的在海外积极宣传抗日主张。新冠疫情爆发时,温州华侨也在第一时间给国内运送抗疫物资。事功学说弘扬的义利并举,义在先,利

---

① 周其仁.改革的逻辑(修订本)[M].北京:中信出版社,2017:10.

在后。

20世纪80年代改革开放以来,温州经济迅速崛起,以家庭作坊、乡镇企业为特色的私营经济模式爆发式增长,形成鞋业、服装、电器、打火机配件、皮革等产业集群,被誉为"中国民营经济的摇篮"。温州的华侨经济在这一时期发挥了重要作用。华侨回国投资和引进资金、技术、市场信息、管理经验,推动产业升级,使得温州企业开始走向国际市场,华侨经济成为温州经济的重要组成部分,华侨带回的"80%现象"凸显了华侨经济的贡献。

20世纪90年代末至21世纪初,温州企业注重品牌建设,形成了一批知名品牌,如奥康、康奈、报喜鸟、法派等,温州产品走向世界,经济实力增强,成为"中国制造"的代表。政策一旦宽松,华侨经济角色马上凸显出来,温州华侨引入资本、技术、管理、品牌,推动温州制造业、房地产业发展,如服装、电器等成为支柱。这个时候国内经济也在快速发展,很多华侨回乡建设家乡,参与基础设施、教育、医疗、慈善等投资建设。到了21世纪,更是如此,温州华侨转向高科技、服务业、数字经济、环保、新能源等新兴产业,还有华侨资本参与风险投资,回国创办、孵化高新企业,到海外设厂、并购、扩大市场,形成全球布局。

温州华侨经济从早期的生存移民、商贸积累,到改革开放后的投资建设,再到如今的经济转型与全球化合作,华侨不仅是经济的推动力,也是文化、社会、教育等多元发展的桥梁,塑造了温州的现代经济面貌。

附：温州侨乡

　　侨乡是华侨、华人在中国的故乡，是归侨、侨眷聚居的地方。温州侨乡形成于第一次世界大战结束后，集中在文成、瑞安、瓯海、永嘉、乐清等县市区，这些地方移民海外的村民与他们生存境遇关系密切。温州著名侨乡多数位于山区，山地多，可耕地少，乡民主要从事番薯、稻子、小麦种植，温饱难足，或者海岛上资源稀缺，像瓯海丽岙镇、仙岩镇则是历史原因，一战时就有劳工形式移民。文成、瑞安、瓯海个别乡镇，几乎全村都移民海外。其他县市区也有不少华侨，但数量上不像这些乡镇集中。20世纪80年代到90年代末，某户人家如果有亲戚在海外，就会被称为"华侨家"，甚是自豪。侨乡学校每年会有学生被父母带到海外，这些学生的父母或亲属基本在意大利、荷兰、匈牙利、西班牙、德国等欧洲国家。"翡冷翠"（佛罗伦萨）、米兰、马德里、巴塞罗那这些地名和里拉（意大利货币）、荷兰盾这些钱币名字，当地人很熟悉。"'海外关系'在那里成了香饽饽，华侨因素在人际中十分诱人，成为共享资源，不光直系血亲，就是'九族'远亲也都寄以厚望，都要圆出国梦。"①

1. 瓯海区丽岙镇

　　丽岙镇户籍人口5.2万多，海外华侨4.6万多，是温州市华侨华人最多的乡镇。丽岙人出国始于1929年，下呈村的汪迪斌、郑锡勤、萧宝金，茶堂村的任福祥，河头村的林岩甫（又名林朴如），后中村的张岩林（又名张俊夫）、张朝光、张日中，上村的张新年等9人从温州出发，先抵上海，再乘洋轮经香港、西贡、新加坡、科伦坡、亚丁、入红海，过苏伊士运河、地中海而到达法国、荷兰、意大利等国，历时近一个月或一个多月。从现有调查材料看，汪迪斌、郑锡勤等9人，是丽岙旅欧华侨的先驱者、开拓者。② 丽岙第一代华侨都流向欧洲，集中于法国、荷兰、意大利，大多数做小商小贩。第二代华侨继承长辈事业，经济基础比较好，生活和工作条件相对优越。第三代华侨比较年轻，学历水平大幅度提高，除一部分从事做工外，绝大部分华侨从事餐饮、皮革、服装三大行业。其中餐饮、皮革两业，目前在西欧国家处于饱和状态，很多经济实力强的华侨正在谋求模式转变。也有不少华侨回国投资，内外互动。

①　周望森.浙江省华侨史[M].北京:中国华侨出版社,2010:108.
②　徐辉,孙芸苏,章志城.丽岙华侨百年[M].长春:吉林大学出版社,2021:5.

2.瓯海区仙岩镇

仙岩镇位于大罗山西南麓,因为陈傅良创办仙岩书院和朱自清的《温州的踪迹》系列散文写梅雨潭的《绿》而著名。1921 年 7 月,河口塘村王岩鋪赴日本谋生,为仙岩镇华侨出国之始。到 1942 年,有 124 人分别到日本、法国、意大利、荷兰、新加坡谋生,其中法国 108 人。他们中大部分从事小商贩,小部分从事皮革业及当劳工。第二次世界大战爆发后,仙岩镇华侨纷纷回国。1949 年 5 月至 1997 年,全镇出国人数 4487 人,分布在法国、荷兰、比利时、德国、奥地利、西班牙、葡萄牙、意大利、捷克、日本、新加坡、马来西亚、美国、巴西等 14 个国家,其中以法国、意大利最多。2023 年仙岩户籍人口 4.7 万人,华侨 3 万多人。

3.瑞安市湖岭镇

湖岭镇是温州市重点侨乡,原桂峰乡为瑞安传统重点侨乡,2011 年并入湖岭镇,为桂峰社区。桂峰第一轮移民潮的第一波以日本为主要目的地,民国三年(1914),黄林村吴田力率先赴日,次年渐多。1937 年,全面抗战爆发,旅日华侨大部分回国或转赴欧洲。第二轮移民潮始于党的十一届三中全会后,1980—1999 年底出国移民累计达 2399 人,以欧洲为主,计 2346 人,占全乡移民出国总数的97.8%。桂峰移民出国以"亲带亲、戚带戚、朋友带朋友"为主要方式。2023 年,有华侨华人 1.5 万多人,侨眷、归侨 1.7 万人,华侨、归侨、侨眷占全镇户籍人口的25%左右,分布在五大洲 25 个国家。

4.瑞安市高楼镇

高楼镇是温州市重点侨乡之一,原枫岭乡为瑞安传统重点侨乡,2011 年并入高楼镇。枫岭华侨出国始于 1932 年,至 1936 年先后有郑启昌、郑进甲、郑启运、郑创微、项宝彩等 59 人出国,分别侨居意大利、日本、荷兰、美国、法国。第二次世界大战爆发后,大部分旅日华侨被遣送回国,部分旅居欧洲的华侨在战争中丧生。二战后仍留居国外的只有郑启运、项金伏、张寿雄、郑进甲、郑启由、郑创微等。1979年,改革开放以后,枫岭出国人数逐年增多。1997 年,全乡出国人数达 1923 人。2023 年,有华侨华人 2.28 多万人,遍布世界 30 多个国家和地区,主要分布在意大利、法国、荷兰、西班牙、德国、葡萄牙、日本、美国 8 个国家。[①]

---

① 宋维远.瑞安市志[M].北京:中华书局,2000 年:1102-1110.

5. 乐清市磐石镇

磐石镇古名磐屿,又名珠城,是乐清唯一港口镇,自古就是战略要地,史称"温州门户""东瓯名镇"——磐石卫。磐石镇户籍人口 1.65 万人,海外华侨华人 2079 人,分布于 18 个国家和地区。[①] 磐石镇海外华侨华人有博士、教授、实业家、工程师数十人。磐石人朱昊飞、何梦修、葛蓉等在晚清民国时就赴德国、法国、日本留学。1924 年,新城村王少石、王岩荣和油车村戴培良 3 人首赴新加坡做木工谋生。1945 年前华侨 14 人,其中美国 1 人,新加坡 6 人,法国 4 人,印度尼西亚 2 人,丹麦 1 人。新中国成立前,磐石不少人在上海、福建、广州、台湾经商,或在外轮当佣人、水手时结识洋人,先到香港、台湾地区,后移居美国、法国、荷兰、丹麦等国。新中国成立后,有少数人陆续出国。磐石镇华侨华人、港澳同胞在外主要从事金融、科技、皮革、服装、家具、贸易、旅社、劳工等行业。

6. 乐清市北白象镇

北白象镇位于乐清西部,与鹿城区七都镇隔江相望。由于地理位置及联姻等原因,北白象镇特别是茗屿、洪渡桥有许多人移居海外。据统计,2022 年全镇 3130 余人旅居海外 25 个国家和地区,琯头村是乐清著名的侨村,全村旅外华侨及港澳同胞 739 人,分布在 15 个国家和地区。华侨以旅居美国、意大利、法国为多数,其次是荷兰、西班牙、新加坡、希腊、英国、洪都拉斯、德国等国家。1935 年,琯头村杨阿兰嫁七都黄文光到美国。接着该村杨须林到美国洋行当苦力;之后村民陆续出国,在国外开杂货店、餐馆、当厨师或在外国人家中打杂和当保姆。党的十一届三中全会后,琯头村不少人借助亲属、婚姻关系移居海外。

7. 乐清市虹桥镇

虹桥镇坐落于北雁荡南麓,依山面海,一马平川,河网纵横,素称鱼米之乡。它东濒乐清湾深水良港,南接甬台温高速公路,被授予全国"电子元器件产业基地"和"精密模具生产基地"称号。据不完全统计,全镇有华侨华人 1729 人,主要分布在印度尼西亚、美国、马来西亚等 21 个国家和地区。原有归侨 56 人,大多分布在一村、三村,是乐清市归侨最多的镇。虹桥人移居海外历史悠久。清光绪三十四年(1908),刘道法跟随温州人前往新加坡当木工,后赴印度尼西亚棉兰市开设中国木器公司,是乐清最早出境谋生华侨之一。民国十六年(1927),陈加斌、陈叔平、倪丕

① 乐清华侨志编纂委员会.乐清华侨志[M].北京:中国文史出版社,2007.

柳、倪洪銮等人相继赴印度尼西亚当木工。1949 年前,全镇共有华侨 135 人,其中美国 3 人,日本 1 人,法国 4 人,英国 1 人,德国 1 人,马来西亚 7 人,新加坡 24 人,印度尼西亚 94 人。

8. 龙湾区蒲州镇

位于瓯江下游南岸,是龙湾区的重点侨乡。全镇总面积为 14.16 平方公里,人口 1.9 万人,华侨、华人 1010 人,占总人口的 5.32%,主要分布在美国、法国、加拿大、意大利、荷兰等 13 个国家。已形成机械、化工、电工、轻纺、建筑、房地产开发等门类齐全、初具规模的外向型工业新格局。

9. 永嘉县瓯北镇

位于瓯江下游北岸,总面积 62.8 平方公里,人口 7.5 万人,全镇有海外华侨、华人 3306 人,分布在欧洲、亚洲、美洲、大洋洲的 16 个国家。是永嘉县的重点侨乡之一。

10. 永嘉县七都镇

位于瓯江下游入海口,系瓯江泥沙冲积而成的桃叶形岛屿(七都涂),也是永嘉县的重点侨乡之一。全镇面积 12.7 平方公里,南北宽 3 公里,平均海拔 3 米。总人口 11000 人,华侨 5652 人,占该镇总人口的 51.38%。他们分布在世界 20 个国家和地区。

第二章　温州华侨经济的学理基础

温州华侨经济具有鲜明的永嘉学派事功学说特点。事功学说渊源于北宋的学术积累，上应北宋以来商品经济发展、机户和雇工现象出现的社会动向，下启明清时期资本主义的萌芽，具有明显的温州地域色彩。事功学说这一概念在不同语境下有不同的含义，但未直接对应于某一特定学术领域或理论的专有名词定义。寻找与"事功"非关联的学术概念，可以理解为"实践主义"或"事功思想"，这在中文语境中与"实用主义""成效主义""绩效主义"相近，强调实践、功效、成绩、成果和实际效益。在更广泛的语境从哲学或社会学说角度，可以理解为重视实际效果、成果和实践效果的哲学思想，类似于西方的实用主义哲学家如约翰·杜威、威廉·詹姆斯强调的实用主义，认为真理和理念的价值在于其实效用处。

第一节　以叶适、陈傅良为代表的事功学说

永嘉学派发端于中国思想文化最为繁荣的北宋，它倡导"义利兼举、农商并重、经世致用"的事功思想，是温州文化的渊源，也是温州人敢为天下先创新精神的基因。北宋庆历、皇祐年间，新儒学初兴，韩愈倡导的师道深入人心，全国各地兴起私人办学之风。

王开祖①在周敦颐、程颢、程颐尚未以理学名世之前，从秘书省校书郎的位置上退居温州，杜门著书，在鹿城华盖山创办温州首个私学——东山书院，授徒讲授理学。"永嘉后来问学之盛，盖始基之"②，黄宗羲在《宋元学案》中认为王开祖是永嘉理学的开山祖。温州另一大儒林石③也绝意仕进，在瑞安塘岙建成塘岙书塾讲学，对许景衡、周行己等人产生重要影响。周行己赞誉林石与洛学、关学诸大师齐

---

① 王开祖（约1035—1068）：字景山，人称儒志先生，祖籍温州瑞安，后随父迁居永嘉县城（今温州市鹿城区）人。北宋理学家。王开祖于皇祐五年（1053）中进士，试秘书省校书郎，佐处州丽水县。后退居不仕，杜门著书，设塾授徒，讲明理学，从学者常数百人。王开祖后又被举荐，未赴任而卒。著有《儒志编》。

② 黄宗羲.宋元学案（卷六）[M].鄞县全祖望补本：02.

③ 林石（1004—1101）：字介夫，居瑞安塘岙（今属塘下镇），世称塘岙先生。

名,在《沈子正墓志铭》中称:"洛阳程颐正叔,京兆吕大临与叔,括苍龚原深之,与吾乡介夫,皆传古道,名世宗师。"陈傅良《新妇墓表》说:"熙宁、元丰年间,宋兴且百年,介夫以明经笃行著称于世。"同时期的丁昌期被州县选送报考经明行修科,未被录取,遂归隐老家枫林村,筑室聚徒,以振兴儒学,实现人生理想。王开祖、林石、丁昌期三人办书院和私塾,收徒讲课,都起始于北宋皇祐年间(1049—1054),故后人称其"皇祐三先生"。《宋元学案》高度评价他们对温州地方文化所作的贡献,称他们是永嘉之学的"开山祖"。

到了北宋元丰时期,由于"皇祐三先生"的带领,温州一时出现了很多的文人学者,完全可以用群星璀璨来形容。其中最有代表性,也最有影响力的要数"元丰太学九先生",北宋元丰年间(1078—1085),周行己、许景衡、刘安节、刘安上、蒋元中、沈躬行、戴述、赵霄、张辉等九人去中原汴京太学学习,研究"伊洛之学",他们在北宋政治和文学方面多有建树,对永嘉学派的形成和发展产生了重要影响,被尊称为"元丰太学九先生"。这九人中,目前流传下来比较有名的著述主要有五人:周行己世称浮沚先生,著有《浮沚集》;许景衡人称横塘先生,著有《横塘集》;刘安节著有《刘左史集》4卷;刘安上著有诗500首,遗著有诗集、制诰、杂文30卷,现存《刘给事集》5卷;蒋元中曾著《经不可使易知论》,四方传诵。谈论元丰时期在太学里的九人,周行己的准备金理论不得不谈。北宋时期温州是浙南沿海经济比较发达的地方。熙宁十年,瑞安每年商税六千二百八十七贯,永嘉(温州)商税二万五千三百九十一贯六文,而全国各县的全年商税平均只有三千五百八十一贯,永嘉(温州)的商税是全国各县平均商税的七倍。随着社会经济的发展,北宋作为主要货币的铜钱数量不断增加,从宋太宗年间铸钱八十万贯,到宋神宗年间铸钱五百零六万贯,增加了六倍,但是还出现"钱荒"。这是因为大量铜钱被富豪之家储藏,有的外流到辽国、西夏、日本、朝鲜等国,还有部分被民间销毁去造铜器或改铸为质量低劣的伪币。以后,又因为对西夏用兵,财政支出以及防止铜钱外流等情况,在边境的陕西、四川一些地方使用铁钱,禁止铜钱流通。由于铁钱笨重,不利贸易,钱轻物贵,四川成都地区出现了交子。当时货币混乱,大小铜钱、铁钱、夹锡钱、纸币以及金、银混淆使用,问题很多。特别是宋徽宗时期蔡京当权,为了解决财政困难,不顾金融法则,铸造"当十"大钱,大量发行纸币,使货币更加混乱,以致发生民间拒用、铁钱无法流通等恶性事故。为此,周行己建议在一些行使铁钱、限制铜钱地区,发行交子以维护铁钱的流通。他强调发行交子必须有充足的准备金以便随时收兑。周行己《上皇帝书》说:"臣所谓修钱货之法者,……其法既行,则铁钱必等,而国家常有三一之利,盖必有水火之失,盗贼之虞,往来之积,常居一也,是以岁出交子公据,常以二分之实,可为三分之用。"周行己认为发行"三分"的交子,只需有"二分"的准备金即可。建议在行使铁钱和夹锡钱地区,发行以不在当地流通的铜钱为准备金的交子,在其他地方设置铜钱准备金来保证交子的兑换。借交子的流通以补救铁钱携带不便和流通地区有限制的缺点,从而间接巩固铁钱的购买力。

后来的实践证明维持纸币信用并不需要十足的准备金,因为"水火之失""盗贼之虞""往来之积"等意外变故,可能会减少交子的实际持有量。周行己发行交子以及准备金理论在全球金融史上应属首创。交子的发行也极大便利了北宋后期商贸往来,特别是促进了手工业和货物的流通。两宋时期的温州政治和文化、经济已走在前列。

"元丰太学九先生"的作品在当时及后世有一定的影响,尤其是周行己的影响似乎更大。南宋陈振孙在《直斋书录解题》中推许周行己是"永嘉学问所从出也"。黄宗羲在《宋元学案》中,更把周行己和许景衡推崇为浙学的前驱,认为"吾浙学之盛,实始于此"。

陈傅良[①]是永嘉学派承前启后者,他的朴素唯物主义思想,是经世致用学术思想的理论基础。他从唯物观点出发,主张为学必须求真务实,经世致用,认为"所贵于儒者,谓其能通世务,以其所学见之事功"。他重视事物的实际功用和客观效果,反对空谈义理,特别是他精研《周礼》,认为《周礼》"其意要与时务合,不为空言",是为官者的立身之本。孙衣言给少年孙诒让的教育,就是要他治学上学习陈傅良,"永嘉先儒治《周官经》特为精详,大抵阐明制度,穷极治本,不徒以释名辨物为事,亦非空谈经世者可比"[②]。陈傅良对《周礼》的研究有三卷本《周礼说》,主要集中在对《周礼》经文的注解和解释上,他试图澄清《周礼》的文本含义,并对其中的某些条文提出了自己的见解,探讨了《周礼》官职的变迁,对郑玄的《周礼注》以及其他宋学家对《周礼》的解释提出了批评,并阐述了自己对于《周礼》设官分职的理解。陈傅良的《周礼说》被认为是他经学思想的重要组成部分,不仅仅局限于理论探讨,更注

---

① 陈傅良(1137—1203):字君举,号止斋,学者称止斋先生,浙江温州瑞安湗村(今属瑞安市塘下镇罗凤街道)人,南宋著名学者、政治家、思想家、教育家。乾道八年(1172)进士,官至宝谟阁待制、中书舍人兼集英殿修撰。

② 《周官经》:通常指的是《周礼》,也称为《周官》,是中国古代的一部关于国家官制和政治制度的经典文献,包含天官、地官、春官、夏官、秋官、冬官等六部分,描述周朝的官职体系、礼仪规定以及各项政治活动的组织方式。

重解决实际问题,如南宋社会政治中的问题,"解剥于《周官》《左史》,变通当世之治",陈傅良以史为鉴,求《周礼》来探索治乱兴衰的良策,认为南宋朝廷不该偏安东南一隅,而应该结民心,宽民力,处置冗兵,慎择官员,整顿财税,励精图治,增强国力,这才是南宋朝廷的长远之计。

陈傅良对永嘉学派事功思想知识结构、价值理念的建成,可以说起到夯造之功。他在哲学思想上继承薛季宣的"道在器内"的观点,提出形而上者谓之道,形而下者谓之器。器便有道,不是两样,须是识礼乐法度皆是道理。经济思想上他认为要轻徭薄赋,农末(商)并重,加强管理。政治思想上他提出以民为本,以礼为纲。后来陈傅良因为"庆元党争",被韩侂胄列入"伪学逆党"五十九人名单,而贬官三级,遣送回乡。这个时候的陈傅良虽然止步于官场,但作为学者的陈傅良回到他最初出发的仙岩书院,著书立说,继续讲学,这确实是难能可贵的,也为温州后人树立了榜样。南宋著名史家李心传十分推崇陈傅良,说他是"最为知今"的学者。叶适①在《张令人墓志铭》中说他"学行文词经世之业,远近宗从,登门请义,通日夜,历寒暑,室内常无坐处"。

叶适继承并发展了薛季宣、陈傅良的事功学说,在政治上主张改革内政,坚持抗金,统一中国,反对妥协;在经济上主张"以国家之力扶持商贾,流通货币",反对传统的"抑末(商)厚本(农)"偏见;在哲学上认为"夫形于天地之间者,皆物也,其道在于器物,其通变在于事功",提出"无验于事者,其言不合,无考于器者,其道不化,论高而实违,是又不可也"的实践标准问题。他从人性的角度认为趋利避害是人之根本,"四民百艺,朝营暮逐,各竞其力,各私其求,虽危而终不惧已",人活一世,狗苟蝇营,无非为了求利。叶适反对传统的重义轻利的义利观,批判了朱熹、陆九渊的"皆谈性命而辟功利"的唯心主义。叶适在他的重要著作《习学记言序目》提出"(董仲舒说的)仁人正谊不谋利,明道不计功。此语初看极好,细看全疏阔。古人以利与人而不自居其功,故道义光明。后世儒者行仲舒之论,既无功利,则道义者乃无用之虚语耳。"②叶适认为没有功利,所谓的道和义都是空谈,谋利是人的天性,追求财富功利是合理的。叶适在批判董仲舒的义利观基础上,提出不应"以义

---

① 叶适(1150-1223):字正则,世称水心先生。生于瑞安县城水心街,13岁随父定居永嘉(温州鹿城)城郊水心村。淳熙五年(1178)中进士第二名,官至宝文阁待制。他主张抗金,立有战功。晚年著书讲学,著有《习学记言序目》《水心文集》《水心别集》。

② 叶适.习学记言(卷二三)[M].光绪癸未江阴刻本:04.

抑利",而应"以利和义"①的义利统一观。

叶适认为只有通过士、农、工、商之间的分工互利,才能达到"治化兴",故主张"四民交致其用而后治化兴,抑末厚本非正论也"。"治化兴"是叶适提出的一个政治理念,强调的是通过有效的治理和教化来促进社会的和谐与繁荣,四民(士、农、工、商)应该各司其职,相互协作,这样社会才能兴旺发达。他反对重农抑商的传统观念,主张应该尊重和提升工商业者的地位,让他们有机会参与到国家治理中来。这一思想在南宋不用说,即便放在往后推延整个封建制度下的漫长历史,也是非常先进的。陈傅良、叶适等人对社会经济发展的深刻理解,对后来的经济政策和社会思想产生了深远的影响。不只是如此,对于当时的富人阶层,他也有精辟的论述:"富人者州县之本,上下之所赖也。富人为天子养小民,又供上用,虽厚取赢以自封殖,计其勤劳亦略相当矣。"②富人下要救济小民,上要资助官吏,是社会的中坚力量,取得合理的厚利是应当的。但反过来,政府应该有妥善的政策加以保护其利益,充分发挥富人的社会作用,在国家不能独自养活穷人之时,以各种政策抑制富人的举动,只能增加富人和穷人之间的怨恨。在当时,叶适身处政治和学术高层,积极为富人辩护,这在古代是极其少见的,这不仅体现了叶适对富裕工商业者社会作用的深刻认识,也体现了叶适为民请命,为天地立心,为万世开太平的士大夫风骨。他还指出,工商之民有权受教育、有权通过科举考试并被选拔为官,以突破汉代以来不许工商子弟仕宦为吏的规定,同时叶适还主张通过商人入资拜爵的方式解决江淮地区的军事防务问题,既节省军费,又利于战守,还便于保护商贾的私产。特别是在韩侂胄北伐失败后,由他接管建康政治、军事防务时,他的这种理念有了很好的发挥,对守护长江一带起到了相当积极的效用。

"夫天下所以听命于上而上所以能制其命者,以利之所在,非我则无以得焉耳。是故其途可通而不可塞,塞则沮天下之望;可广而不可狭,狭则来天下之争。望失争生,而上之权益微。"③基于这样的认识,叶适提出,对于基层百姓正当的诉求,政府不应该去打压,而是应当予以鼓励和扶持。百姓是政府的衣食父母,政府理所应当帮助他们获得谋生的机会,而且这种机会"可通而不可塞""可广而不可狭",否则会损害国家的威信。

① 叶适.习学记言(卷二七)[M].光绪癸未江阴刻本:19.
② 叶适.水心别集(卷二)[M].瑞安孙氏诒善祠塾同治九年刻本:12.
③ 叶适.水心别集(卷三)[M].瑞安孙氏诒善祠塾同治九年刻本:06.

叶适还建议废黜阻碍工商经济自由发展的各种政策,扩大利源。"臣请除今日财之四患:一曰经总制钱之患,二曰折帛之患,三曰和买之患,四曰茶盐之患。四患去则财少,财少则有余,有余则逸。有余而逸,以之求治,朝令而夕改矣。"①这四患不仅加重自耕农的负担,而且严重损害了富家大姓的利益,阻碍工商经济自由发展,因此必须罢黜。"以天下之财与天下共理之。"②在这里,陈傅良、叶适等人的事功学说形成了闭环,老百姓的富裕才是治国的根本,"为国之道,在于得民",而要"得民"则须"养民、教民、治民"③,不能与民争利,打个最常见的比方,老百姓是河流,要想船划得远,既要水满,还要水平。这是永嘉学派中共富思想的萌芽和精髓。

叶适系统而全面论述了商品经济于国于民的重要意义,在求实、批判、兼容、创新中阐述工商皆本和"以利和义"的义利统一观。"乾(道)、淳(熙)诸老既殁,学术之会,总为朱、陆二派;而水心断断其间,遂称鼎足。"④黄宗羲在《宋元学案》肯定了叶适在永嘉学派中的重要地位,认为他是永嘉学派学术的集大成者。陈傅良、叶适为代表的事功学说,为温州后续的发展奠定了深厚的学术和实践基础。

以叶适为代表的永嘉之学与以陈亮为代表的永康之学、以吕祖谦为代表的金华之学合称"浙学"。浙学与福建学派(以朱熹为代表的理学)、江西学派(以陆九渊为代表的心学),为南宋时鼎立的三个学术派别,被认为是中国学术思想发展上继春秋战国诸子百家争鸣后的第二次思想活跃时期。自宋以来,温州人赓续永嘉学派的血脉和文化精髓,继承并发展传统儒学中经世致用的一面,创新开拓财政、商贸、民本等国计民生领域经制之学,"使得儒家的内圣、外王两翼得到一定的平衡"⑤。

由此我们再来讨论温州华侨经济,事功学说所谈到的这些思想和学术观点,都对温州华侨的文化认同、商业思维、权益、经济发展等方方面面产生长远效应。孔子周游列国,张骞出使西域,郑和下西洋,这三个事件貌似不能同日而语,但归结起来,与温州人移民海外有着相似的道路和意义。那就是,走出去后,才会开阔、碰撞、融合,产生新的事物,在四海中创造、成长。

温州的商品市场自宋代开始就十分活跃。温州受困于人多地少等因素,农业

① 叶适.水心别集(卷十一)[M].瑞安孙氏诒善祠塾同治九年刻本:04.
② 叶适.水心别集(卷二)[M].瑞安孙氏诒善祠塾同治九年刻本:13-14.
③ 叶适.水心别集(卷二)[M].瑞安孙氏诒善祠塾同治九年刻本:07.
④ 黄宗羲.宋元学案(卷首)[M].鄞县全祖望补本:10.
⑤ 朱红.永嘉学派的学理转向及其意义[J].哲学动态,2020(1):68.

剩余劳动力需要向第二、三产业转移。事功学说包含的通商惠工等思想，影响了温州人的创业结构，除务农外，大部分温州家庭兼营手工业，外出经商，还有很多人选择做木匠、泥水匠、工匠、弹棉花、唱鼓词等手艺人，温州元代戏曲家高明创作于元末的南戏作品《琵琶记》，就能窥见温州地区手艺人身影。《琵琶记》中的手艺人包括织工、木匠、陶匠、铁匠等，赵五娘以织布维持生计，文中详细描述她织布的过程、技巧以及织出的布匹质量，从而反映温州地区织工的高超技艺。在描述蔡伯喈家与赵家的门窗、桌椅上，可以看到木匠工艺之精细。除了织工和木匠外，故事中还涉及到其他陶器、农具等零散的日常生活用品，不难感受到温州地区丰富多样的手工艺文化。北宋时，温瑞平原粮食亩产高达三石；经济作物中瓯柑、盆菜①、蚕桑等相当著名，手工业方面的造船业、造纸业、酿酒业居全国领先地位，制瓷业也很发达。农业手工业中酝酿、生长着新的生产关系，北宋时期温州农村中雇工现象已很常见；南宋温州丝织业出现了机户，即家庭丝织专业户；至明清，丝棉纺织业中又产生了以"分纺分绩"为特征的"女红"计件取酬的雇佣关系，即机户或"客户"以自己资金购得的纺织原料（丝或棉）发给有纺织技能的机工（"女红"），分散在各自家庭中加以纺、织（"绩"），机户或客户将成品收回，而论件（辅之以质）付给机工酬金。这其实就是温州经济模式的最初形态。明清时期，资本主义生产关系就已经在温州萌芽。商业的繁荣直接推动了温州文化的发展，永嘉学派是温州历史文化中最有代表性、最具高学术成就的。2500 多年前，范蠡帮助越王勾践打败吴王夫差后"弃官从商"，很短的时间内"三聚其财三散之"。②《史记》中的故事，叶适肯定熟悉，或许深受影响。宋元时期温州就有来远驿、待贤驿等接待国外商人。南宋时期温州经济的繁荣超过北宋，这与叶适等人"通商惠工，以国家之力扶持商贾，流通货币"事功思想的广泛推行不无关系。

　　事功学说是对传统儒家思想的一种革新，黄宗羲在《宋元学案》中将其作了归结，认为"永嘉之学，教人就事上理会，步步着实，言之必使可行，足以开物成务，盖亦鉴一种闭眉合眼蒙瞳精神自附道学者，于古今事物之变，不知为何等也"③。非常明确地指出永嘉学派与其他学术理论不同之处，就是脚踏实地，务实推进社会经济发展，切实地变革对象、变革社会。事功学说最大的好处，是将劳动力这个生产

①　盆菜：形似盆子，色为萝卜的大型块根蔬菜。

②　林毅夫.解读中国经济（增订版）[M].北京：北京大学出版社，2014：24.

③　黄宗羲.宋元学案（卷五十二）[M].鄞县全祖望补本：06-07.

要素解放了出来。同时代的欧洲,可不是这样,土地属于封建贵族,农民是半农奴,即农民依附于土地,不能自由流动,必须取得自由农的身份才能自由流动,但只有极少数的人有办法成为自由劳动力。这对中国社会经济的发展影响是巨大的,也是深远的,可想而知,后来温州华侨在海外生存、创业,自然离不开这些思想的推力。

将永嘉学派这些学者共同创造的事功学说做一个梳理,我觉得主要包含了以下几个方面的内容:一是重实用与事功。他们反对纯理论脱离实际的空谈,认为义理必须体现在实际功效与利益之中,反对理学派过分强调"以义抑利",主张道德与经济活动的统一。二是在继承和发展《周易》的阴阳五行说的基础上,认为道在物中,而不能超然于玄谈玄理,而应该从客观事物本身来认识道,这种物的道观使事功思想更具有实证主义色彩。三是强调教育的重要性。王开祖创办的东山书院,周行己创办的浮沚书院,陈傅良创办的仙岩书院,还有平阳的会文书院、乐清的梅溪书院,这些书院的创办直接有了成果,据说当时温州科举进士登科数全省第一,全国第二,教育的繁荣可想而知。更重要的是叶适在讲学舍讲习学,就明确提倡稻粱谋,事功教育思想可窥一斑。四是反对理学的性命空谈,强调实践与效果,对现实问题的解决,这种实用主义立场对后来的温州人影响深远。五是提出了通商惠工的工商之策,主张国家的政策应扶持商业,流通货币,提高商人地位,这反映了他经济思想的先进性,对后世温州等地商业文化有深远影响。以陈傅良、叶适为代表的事功学说,是永嘉学派的重要组成部分,与朱熹的理学、陆九渊的心学并列为中国南宋三大学派,对后世温州等地商业文化、经济思想的影响尤其大。

第二节 事功学说的完美演绎者:孙诒让

晚清时期,孙衣言、孙锵鸣、孙诒让[①]、"东瓯三先生"(即陈虬、宋恕、陈黻宸)等为代表的晚清诸子决议重振永嘉学派,在大变局的关头救亡图存。他们对永嘉学派古训躬亲实践,而且借鉴西方科技强国的变法主张,积极创新永嘉学派精神,实现了永嘉学派精神在晚清的创造性转化和创新性发展。

从两宋到近代,孙诒让可以说是事功学说理论和实践合二为一的完美学者。

---

① 孙诒让(1848—1908):幼名德涵,字仲容、仲颂,别号籀庼,瑞安人。于同治六年中举后,终八试礼闱而不第,后专心治学,著述宏富,如《墨子间诂》《周礼正义》《契文举例》等,与德清俞樾、定海黄以周合称清末三先生,有晚清经学后殿、朴学大师之誉,《清史稿》有传。

45 岁之前,孙诒让辗转于京皖浙,科举、治学,遵循父亲的训诲:"以经制之学,融贯汉宋,通其区畛,而以永嘉先儒治《周官经》特为精详,大抵阐明制度,穷极治本,不徒以释名辨物为事,亦非空谈经世者可比。因于四子书外,先授诒让以此经,借为研究薛、陈诸家学术之基本。"无论是他专注墨子、甲骨文的研究,还是后来受薛季宣、陈傅良的学术影响,将自己的治学价值阐明在《周礼》的校正中。我们由孙衣言设定的训诲之言,不难推知,永嘉学派的经世致用从来没有远离孙诒让的轨道。陈傅良认为要图存救亡,恢复中原,就应该结民心,宽民力,处置冗兵,慎择官员,整顿财税,励精图治,增强国力。叶适在陈傅良的思想基础上坚决抗金,改革内政,反对妥协;同时力推"以国家之力扶持商贾,流通货币"的事功思想,通过士、农、工、商之间的分工互利达到"治化兴"。孙诒让自幼在父亲孙衣言的影响下博览古书,但他不只是一味钻在故纸堆里,而是带着满腹经纶"与时务合,不为空言"来"变通当世之治"的治学之道,在他身上有着明显的烙印。24 岁,孙诒让开始撰写《周礼正义》,25 岁就完成了《古籀余论》,深得晚清重臣张之洞的赏识。45 岁草创《墨子间诂》。他在书房上贴了一副对联"心慕法西民主,学究籀金殷周",时刻提醒自己。

《蝉蜕——晚清大变局中的经学家》有一段孙氏父子关于《周礼》的对话:

> "《周礼》是一部历史上记载得最完整、最完美的典章大全,是经世致用之书,是致太平之书。"孙诒让神色严峻,一字一句地答道:"我们现在之所以经历着如此之多的苦难,不就是因为外夷入侵,礼乐崩溃,吏治不来,盗贼蜂起,才导致的吗?"

> "涵儿所言极是,只是这《周礼》年代久远,艰深难读,且传本中谬误甚多,歧异丛生,尚待校雠、训诂处甚多。"孙衣言爱怜地摇了摇头,道:"《周礼》难治。"①

1894 年,孙诒让 47 岁,这是他人生的转折之年。这一年,甲午战争爆发,晚清军队节节败退。10 月,父亲孙衣言去世。动荡的时局、西方的入侵、西学的渐进、对清王朝统治合法性的怀疑等,激荡着孙诒让。龚自珍、魏源、康有为、梁启超、章太炎等前辈、同辈和晚辈的新思想,也无时不在孙诒让的心中碰撞。1895 年在甲午中日战争中,北洋海军全军覆没,标志着历时 30 余年的洋务运动破产。中日签订了《马关条约》。康有为、梁启超会同十八省公车上书,陈请拒和、迁都、变法、成

---

① 胡小远,陈小萍.蝉蜕:晚清大变局中的经学家[M].北京:北京大学出版社,2018:44.

立强学会及强学书局,雪洗耻辱。民族之耻和国力衰弱,孙诒让深感悲愤,他撰写了《兴儒会略例》二十一条并叙,力倡救国之论。他在写给梁启超的回信中说:"每与同人论及时局,忧闷填胸,辄妄有缀述,聊作豪语以强自慰。以富强之源在于兴学。"决心走出书斋,关注时局,关心国事,做坚实的"变通当世之治"的学人。次年,孙诒让与黄绍箕、黄绍第、项申甫、周璪、洪锦标、王恩植、鲍锦江、杨世环等九人发起创办瑞安算学书院(学计馆)。

在晚清洋务运动的大变革中,孙诒让走出书斋,办教育,办实业的壮举,是他作为晚清最为重要的事功学说传承者和践行者的心路写照,与陈傅良、叶适等人在南宋动荡时局中不求苟且,反对偏安东南一隅的抗金决心,时空映照。

 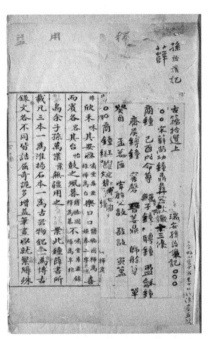

孙诒让像及手稿

富强之源,在于兴学,就是要兴办新式学校,而非传统私塾,继续啃读四书五经。孙诒让的兴学,一是周礼为纲,西政为要,在更高维度理解培养中体西用人才。二是将教育对象向普通老百姓延伸,集群陶铸国民人才。孙诒让与晚清学人有很大不同,绍兴蔡元培、徐锡麟、鲁迅等人还是偏向政治的,北京的王国维等人则在动荡的时局中退回书斋,哀叹旧学一去不复返,梁启超则是先是积极投身政治,后来又退回传统,从事学术。

1896 年,孙诒让与黄绍箕等九人在瑞安创办"算数学院"(学计馆),亲手订章程、学规,对德育智育的培养和书院的管理,传授数学、物理、化学等现代科学知识,造就科学技术人才。次年他和项崧等人创办瑞安方言馆,讲授国文、英文及外国史、地理等。同时与友人在温州创办蚕学馆,教授中外种桑养蚕之学。孙诒让以瑞安的学计馆与方言馆办学为起点,多种模式推行至温处数县,用自己的学识、人脉、品格魅力创办学堂。改旧学办新学,适时适度播种西学之课程,倡办职业学堂、师范学堂,以应时需。

1901 年,又将学计馆和方言馆合并扩充为瑞安普通学堂,分设中文、西文、算学三个专修班,拟定除各班共习的国文、伦理、体操三门外,中文班学史学、诸子学、掌故学、西政学、西艺学等,日作策论一篇;西文班设英语、英语文法、英语史地、英语名著赏读等;算学班设中西新旧算学、物理与化学等。预定每班 30 名。这一年,孙诒让还应盛宣怀之请,写定《变法条议》四十条,主张罢废跪拜朝仪,清除冗官胥吏,裁撤内务府和太监,建立预决算财政制度,设立议院,创办报馆,准许人民言事,设商会,练民兵,办警政,治冶炼,开工厂,重农耕,修水利等。改革力度之大,针对流弊之深,较之叶适有过之而无不及。

孙诒让人生最后十二年,相继在温州、丽水、台州等兴办了 309 所学校。为了办学校,孙诒让动用了很多资源,委托项骧[①]给他找英语老师,高薪礼聘上海圣约翰大学优秀毕业生陈守庸任英文教习,留学日本明治大学的洪允祥任总教习。孙诒让还到全国各地聘请老师。他曾资派瑞安普通学堂高才生陈恺、许藩两人留学日本专门学习数理化,学成回来做老师。1903 年,孙诒让从学堂中挑选 20 名学生,筹集资金送他们到日本留学。1904 年,刘绍宽[②]东渡日本七十天,参观东京等地各类学校二十多所,回国后写了《东瀛观学记》,孙诒让亲自给他作序,并让刘绍宽在学堂课程上增设博物、理化、地理、经济等学科。黄绍箕的儿子黄曾锴、黄曾延,侄子黄曾铭,孙锵鸣的儿子孙任也先后出国留学。

温州作家沈迦在《寻找苏慧廉》一书里提到苏慧廉在温州创办艺文学堂时,孙

---

① 项骧(1880-1944):字伟人,浙江瑞安人。清末进士,美国哥伦比亚大学政治经济学硕士。1910 年留学生殿试第一名,清廷授翰林院编修、参议厅行走。辛亥革命后,任北洋政府财政部参事兼中国银行监督、盐务署参议。1922 至 1924 年间任财政部次长、盐务署署长、盐务稽核所总办。后解职闲居上海。抗战时期隐居故里。

② 刘绍宽(1867-1942):字次饶,号厚庄,平阳(今属苍南)人。清光绪二十四年(1898)举拔贡,曾两度任浙江省立温州中学校长,编纂《平阳县志》。著有《东瀛观学记》《厚庄文钞》《厚庄续集》等。

诒让带领瑞安的老师和学生参加成立大会,并在会上发表了演讲。"一国文明的表征,不在一二个有大名的通儒,而在全国人民个个都有普通知识,程度不相上下。总而言之,国民普通知识,总要人人平均,才能够共同努力,以谋文明进步。如西国文明,在现在算得极盛了,其原因在于无分男女,无分贵贱,无一人不识字,一切士农工商,都有普通知识,所以个个都是有用之才。今艺文学堂不分中西,热心推广教化,对于温州地方民智的开通将有不少裨益。"孙诒让深切感受到了东西方文化的差异,孙诒让认为教育是开启民智、培养新人的重要途径,他强调教育应当与国家的现代化进程相结合,培养出具有现代意识和科学知识的人才。他在演讲中表达的理念与后来李大钊提出的"国民教育,乃培根固本之图"主张,如出一辙。孙诒让始终认为教育是国家富强和民族振兴的基础。他在《周礼正义》中提出变法自强,废跪拜,革内监改兵制、伸民权,还引用了大量英、俄、法、德、美、日各国的科学技术、地理、历史、自然科学,以图引进东洋和西洋各国文明。这些观点丰富完善了陈傅良《周礼说》中的观点,比起陈傅良的论述更具有现代性,也更契合晚清在内忧外患中图强的实际。

12年创办了309所学校,这体量着实罕见,孙诒让为晚清人才培养和国家兴盛做出了卓越的贡献。在孙诒让的影响下,浙江开留学国外的风气之先,温州留学人数达190人。辛亥革命爆发,孙诒让已去世,但孙诒让思想余波深远,从他的学堂中走出的留学生远超其他地方。

孙诒让对事功学说的践行,还有一项很重要,就是在温州地方兴办工商实业。他深知事功学说倡导的"通商惠工"之重要,要"治化兴",士农工商皆要互利。经济发达是国家强盛的基础,富强之源在于兴学,也在于兴实业。1895年,在创办学计馆之前,孙诒让制定《兴儒会略例》,特制集资入股条例,详述从二三万股、二三十万金到千万股、万万金可分别做购商轮、分洋商之利,造机器纺织各局、保中国利权,购大轮船、与外国商人抗衡海上,造铁路、利陆路运输,开煤矿五金矿制造铁舰枪炮各厂、不致仰给于西人等不同事业,如此则"复仇雪耻之大功,庶或可望告成"。

1897年,孙诒让和黄绍箕等人集资组织瑞安务农支会,订立章程52项,收股80份,购地40亩,试种桑树和瓯柑。1904年,孙诒让集股万元组织富强矿务公司,试图开采永嘉孙坑铅矿;与同乡项湘藻等租湖广轮船航驶瑞沪之间,建大新轮船股份公司;集资创办东瓯通利公司,购人力车辆试行于府城,倡建人力车公司。孙诒让还被推举为瑞安商会总理。

从两宋到晚清,一个是以陈傅良、叶适为代表的学术流派,一个是以孙诒让为代表的温州学者,将事功思想深度契合温州社会的发展,深刻影响了温州人。孙诒让走出书斋,走向社会,以匡救时弊为己任,踏实践行地方事务,坚守"素抱在经世,文章兼事功"的情怀去践行事功学说,更是丰富与充盈了永嘉学派内涵和精神。

第三节　其他文化

独特的地理结构以及千年文化的迭代,出现了很有意思的温州社会文化。温州人深受儒家文化影响,重视教育、勤劳俭朴、孝顺诚信,这些文化落实到具体经济行为中,就是商贸中的诚信经营、尊重契约精神。还有就是孙诒让身上折射出的儒家情怀,立言立行立身。温州还是一个多教、多神、多元崇拜的地方,我小时候过年时常跟随爷爷去"解冬"①,先去桥边的土地公公庙,摆上年糕、瓯柑、煮熟的大公鸡、板糕(一种米粉制成的糕饼),点上几炷香祭拜。然后再去榕树下的祠堂祭拜,这里供奉陈十四娘娘。著名考古学家夏鼐在日记里记录了 1943 年、1948 年、1949年在温州过年的习俗,他专门记录了"还冬":

> 下午家中还冬,于潮涨时举行。在中庭燔柴为祭,祭品则以天雨改陈于正厅中,凡十二品[猪头、烧鹅、腊肉、鸭、鸡、松糕、瓯柑、饭、鲤鱼、元宝(糖糕所制)、桃糕、豆腐]。另一桌祭五路财神,仅有十品,即略去猪头及烧鹅也。今年各物奇昂,猪头六七十元,鹅四十余元,鲤鱼一对四十元,他物类推。

温州乡村的庙宇往往儒释道不分。温州乡村过去家家有泥砌的灶台,温州人一般在廿四日祭"镬灶佛"(就是"灶神爷"),温州民间有"兵三民四"之说,也就是说兵营等官方在腊月廿三祭灶,老百姓则在廿四日。相传"灶神"是玉帝派到人间察看善恶的神。旧时每家灶房里,用三块砖板,在灶头隔出简陋小屋,里面贴上灶神像,温州方言称之为"灰堂阁",也叫"灰阁",因此坊间有"上凳上桌,还想上灰堂阁"的俗语,比喻一个人得寸进尺、贪心不足。另外,温州民间有很多禁忌,比如过年,就有"三十日(除夕这一天)吃吃、正月初一嬉嬉"的说法。除夕分岁酒家家力求丰盛,正月初一这一天不动手做家务。新年期间还有不吵嘴、不动刀斧、不杀生以及禁讨债(向父母要零钱也不行)等禁忌。这些杂糅的多元文化是温州文化的一大特

---

①　解冬:温州方言中的一个词语,指一种传统祭祀活动,也称为"还冬"。这个习俗一般在每年的年底或春节前夕进行,人们会在中堂或道坛摆设香案,供奉猪肉、猪头、年糕、水果等供品,以祭祀天地百神,祈求来年的丰收和好运。这个习俗在温州部分地区仍然存在。

点。温州人既创作出了被誉为浙南版"梁山伯与祝英台"的《高机与吴三春》这样的文化形象,也在新时期以影视剧《温州一家人》让周万顺、周小雨这样的温州华侨深入人心。

温州临海,累世经久的海洋搏击中,温州人还形成了具有海洋特征的意识和性格。海洋天气变幻莫测,常有狂风骤起,掀起惊涛骇浪,船毁人亡现象时有发生。履海如玩命,温州人与海搏击中形成了冒险精神、重商意识和开放意识,也养成了包容、机智、勇于冒险的精神。海洋向来就是商海商路,海外通商与国计民生攸关,元明清时期虽屡有海禁闭关,倭寇也曾严重干扰海上贸易,但温州人以自己的智慧和勇敢抗击种种阻力,多渠道开展外贸。唐宋以来,温州诸港兴起,比邻东海的得天独厚地理优势,通商惠工的文化传统,都为温州人的冒险、开放、闯荡世界奠定基础。

从郑和下西洋等海上丝路以物换物到"一带一路",从个体的对外贸易行为到国家战略,从周伫出海贸易到温州华侨通商模式的迭代升级,1200多年的海外移民史,温州华侨闯荡出了一条独具温州特色的华侨经济模式。

第三章　温州华侨经济的独特路径

英国经济学家阿尔弗雷德·马歇尔说:"经济学虽说是一门研究物质财富的学科,但它更是一门研究人的学科。"①由于温州华侨在海外涉及的国家多,从事的行业广泛,专门针对温州华侨创造的经济行为和财富进行统计的机构少之又少,这对温州华侨经济行为及结果进行统计分析和归纳,难度很大。2016 年开始,我对温州华侨从事的经济活动做了系列访谈、考察、调研,积累了不少素材和数据报表,这些前期准备工作为研究奠定了基础。温州华侨队伍日益壮大,创造的财富总量虽然无法统计,但从局部区域了解的数据,也具有很强的代表性。这一章节主要截取部分具有一定代表性的华侨经济模式,做一个实证分析。

之所以要做实证分析,就是基于温州华侨已经发生和正在发生的案例,分析和比较,借此推断某个时期甚至更远的未来,经济会出现什么样的情况,可以解决哪些问题,有哪些经验可以更好地帮助温州华侨经济发展,给后来者提供更好的启示。温州经济的发展,以及华侨经济的繁荣,背后蕴含着深厚的文化理论支撑,事功学说和海洋文化、乡情伦理等多元文化推动温州华侨经济前进,反过来,温州华侨的经济行为也与理论、文化互证,共同塑造温州华侨经济特色。温州人善于学习、适应新事物,华侨经济中体现为快速学习外国市场、技术,融入当地文化,学习先进管理,这些无不推动华侨经济进步。文化理论与实践相互交织,构成了温州华侨经济发展的独特模式,既体现传统智慧,又拥抱现代创新,形成了一种开放、进取、团结、务实、创新的经济生态。

第一节　"三把刀"产业

温州华侨经济以家庭为单元,从小规模小本起家,家族成员间资金、信息、技术、人脉共享,形成紧密合作,逐渐积累扩展成家族企业集团,这是海外温州华侨常

---

① 阿尔弗雷德·马歇尔.经济学原理[M].文思,编译.北京:中国华侨出版社,2016.

见的发展路径。早期的温州华侨去日本的,很多是当苦力。在法、荷、意等国的温州侨民相对好些,除少数人做苦力外,大多数贩卖小百货。他们的生活不固定,今日一城,明日一村。"菜刀、剪刀、剃头刀"这三把刀代表了温州华侨最初的创业模式。"菜刀"表示做厨师,开餐馆。"剪刀"表示做服装,裁剪。"锉刀"表示从事制鞋、皮包等皮革业。(还有"剃头刀"表示理发业。)

20世纪二三十年代温州出国谋生的华侨,大多数是文盲、半文盲。血缘和地缘关系形成的华侨群体结构决定了温州华侨经济初期偏向粗放型的小众商业模式,像瑞安、永嘉、文成、平阳等地早期移民,主要"卖散"、做苦力、做雨伞、卖麦芽糖。温州乐清侨民主要到新加坡、马来西亚、印度尼西亚从事木工,有的受雇人家做木器,有的则自制木器家具挨家挨户叫卖,自营自销。

1. 餐饮行业

第二次世界大战前,温州华侨在欧洲开设餐馆寥寥无几,而战后的1946年至1956年,温州华侨在荷兰各大城市开设的餐馆数量急剧上升,规模较大的餐馆有赵超的亚洲酒楼,胡玉森的香港酒楼,胡忠鹤的长城酒楼,胡永仕的瓯海酒楼,胡克善的上海酒楼,余忠的东风餐馆,胡志曾的南京酒楼,胡克黎的平安酒楼,高明灶的皇城酒楼,董振生的中国酒楼。文成县旅意华侨胡绍待、胡绍铁、胡赛菊三兄妹,在米兰分别开设了春明园、春华园和聚春园三家餐馆。在西班牙的温州华侨白植崇、叶玉兰夫妇开设了南京饭店、明峰饭店、南园饭店3家餐馆。叶玉兰的3个女婿,有两个开设外卖店,一个开设饭盒工厂。1984年底,文成县旅荷华侨在荷兰开设餐馆就达121家。在西班牙侨居的2000多名温州华侨,有百分之九十以上的人在该国中部、南部和东部城市开设餐馆,少数华侨在北部中小城市开设餐馆。

文成华侨胡允迪从餐饮起步,从1958年6月起,胡允迪将直系亲属47人全部接到都灵创业。到1995年止,胡氏在意大利、法国、荷兰三国开设中餐馆6家,皮革批发商店1家,胡氏兄弟贸易公司和东方贸易公司两家形成胡氏经济网络,被誉为"文成侨界经济实力雄厚的大家族"。

意大利撒丁岛上的温州华侨杨正彬,初中毕业后先去镇上学理发,18岁去了意大利,在一家温州餐馆当跑堂。因为在国内学过理发,岛上的华侨不少,不少人和他一样在餐馆当厨师、跑堂、洗碗工等,或在工厂做工,周末或节假日,杨正彬就提着理发箱,给岛上老乡理发。那个时候洗剪吹5欧元。杨正彬周末赚的钱比周一到周五打工赚的钱要多。杨正彬在餐馆干了两年,有了一定积蓄,就在岛上开了一家理发店,理发对象基本是侨民。有天杨正彬突然接到电话,说当地一家官方媒体来采访。杨正彬身边朋友都劝杨正彬不要接受采访,不知媒体意欲何为。杨正彬说,我一是合法经营,二是媒体过来采访,而且是政府官方媒体,正好可以宣传我们温州华侨的创业,肯定是好事。杨正彬接受采访后,过了几天,一位当地的意大利人拿着报纸,对杨正彬说,你赶紧去买报纸,你现在出名了。这家当地最大的意大利文报纸,用整整一个版面报道了杨正彬在意大利的创业过程以及温州人勤奋聪明的精神状态,还配了杨正彬的照片。自那次新闻报道后,杨正彬一下子成了名人。原来店里只有三个人,偶尔零星会有意大利人来店里理发,新闻采访后,生意爆满,岛上的意大利人纷纷都到他店里理发。杨正彬重新装修了理发店,店里十几个人都忙不过来。过了一年,杨正彬在岛上开了两家分店。

意大利撒丁岛媒体关于杨正彬的报道

从理发店转型餐馆,是偶然。杨正彬结婚后,小舅子从温州文成出国,来到撒丁岛上。初到岛上,杨正彬这时候盘下一家餐馆给小舅子经营。理发店生意很好,大家都认准杨正彬,一天站下来,很是累。小舅子经营餐馆也不是很内行。杨正彬就转让了理发店,一门心思做餐饮,如今已经在卡利亚里开出7家餐馆。

杨正彬和他的餐饮团队

温州华侨的餐饮业也是集团作战。在欧洲及东南亚的温州华侨逐步形成以"餐馆打工—开餐馆—杂货店—做贸易"的成长模式。意大利金砖投资集团董事长孙运之说起自己经历,现在到朋友家里参加饭局,会无意识地捋起袖子,想帮助洗碗。作为原先中国普通高校教员,他三十年前辞去公职,到了意大利,也是先到餐馆做洗碗工。荷兰王氏发展集团董事长温州华侨王寿松也经历了这样的发展过程,先是在餐馆打零工,1982年,王寿松东拼西凑20多万欧元,在荷兰盘下亲戚餐馆,拥有第一份产业。米兰有400多家温州华侨开设的餐馆,佛罗伦萨有70多家温州华侨的餐馆。1992年,朱少光赴荷兰开中国餐馆,大胆引入外国人闻所未闻的敲鱼、鱼丸、酱油肉、炒粉干等温州传统美食,许多中国人也吃不来的江蟹生、花蚶,朱少光都教他们吃,起初看着挺怕,吃过后顾客都说鲜美。1997年,在温州五马街口开办第一家五马美食林,朱少光戏称"瓯 to 欧"餐饮模式。目前,温州华侨在西班牙开设的餐馆、外卖店等不少于 6000 家。意大利更多,接近 1 万家。荷兰有华侨 8 万余人,温州人占比超过 30%。据荷兰《中荷商报》2023 年 8 月 18 日报道,荷兰皇家饮食业公会 KHN 和饮食行业联合公布数字,仅中餐馆 1089 家。

这种集团式的商业模式,最大的好处是形成了完整的产业链。在欧洲以餐饮为主导,派生出食品仓储、物流、海鲜水产品批发、餐饮用具批发、专业食品超市、建筑装修、经济师和律师事务所等等,这么庞大的市场所形成的餐饮业产业链集群效应,带动了庞大的产业,也为温州华侨创造了明显的财富。同时也带动国内餐饮业的发展,现在上海几家规格很高的米其林餐厅就是温州华侨做的,还有温州、杭州不少意大利餐厅、法国餐厅、巴黎餐厅等都是温州华侨投资创办的。

2. 皮革业

皮革业在欧洲不是普遍性的行业,主要集中在法国和意大利、西班牙、葡萄牙。瓯海区丽岙镇 1949 年至 1960 年留居法国的 33 名华侨中有 28 人开设皮革商店或皮革作坊。除法国外,意大利、荷兰、西班牙等国温州华侨的皮革业也有所发展。80 年代以来,温州市文成、瑞安等县(市)旅意华侨他们中不少人由米兰及郊外小城镇南移到佛罗伦萨及其邻近的普拉托地区。在 Zona Oslnannoro 一带,已形成佛罗伦萨华侨皮业中心。轻革行业,是旅法温州人从事餐馆、家具业之外的最大行业。他们在法国及其附近欧洲国家市场上销售的皮包、皮夹、皮带之类的皮件产品,"有百分之七十的温州人在法国开设的皮件进出口公司、皮件批发店和皮件工厂"[①]。据调查,温州人在巴黎 3 区开设的皮包商店约有 200 多家,占法国皮包店总数的五分之二。旅法华侨郑氏两兄弟,他们开始在巴黎开设两家皮革工厂,经济日益雄厚,但他们不满足于工厂生产方式,从 20 世纪 80 年代中期开始转向经营以皮革、皮件产品为主的国际贸易。1986 年,郑氏兄弟在巴黎又开设了三家进出口贸易公司,年经营额在一亿元以上,获利甚多。瑞安旅法华侨林云超,其叔父林廷横,1934 年赴法国以贩卖小商品为生。1948 年与同乡华侨三人合伙开设一间皮革工场,1970 年林廷横把内侄林云超接到法国,林云超在法国经济立足之后,又以亲带亲、戚带戚,一代带二代,二代带三代,代代相袭。到 1995 年止,林氏家族人员相继到法国从事餐馆、皮革、服装加工等行业的就有 140 余人,形成了以林氏为核心的

---

①　章志诚.瑞安市丽岙镇华侨历史与现状[J].浙江华侨史料,1987(1):49.

家族集团。丽岙、仙岩很多华侨在海外都是大家族,同乡李汝龙夫妻比胡镜平稍迟两年到巴黎,李汝龙是技术工人出身,设计、制作、销售都很内行,先是租用地下室做皮件作坊。他以皮衣厂的落脚废料制作的皮腰包很受顾客欢迎。一年后就开设了分工厂,两年后在西班牙开设店铺销售法国皮革,创办"长城龙"箱包公司,现在是西班牙最大的箱包公司之一。他们在广州投资兴建的箱包生产基地——欧洲工业园拥有多个国际名牌产品的生产权。与胡镜平邻村的刘光华,比胡镜平早两年到荷兰,后去了意大利,1996年创办光华贸易公司,在皮革业首屈一指。

3. 裁剪、制衣业

"剪刀"是温州华侨海外谋生利器,不少华侨在法国、意大利、西班牙从事服装加工业。西班牙巴塞罗那的华人制衣业(服装加工业)起源于20世纪90年代初。该行业收入高,不需要外语基础,实行计件工资,工作比较自由。1994年,先后有文成、瓯海、瑞安的华侨在桑达哥洛马、马达隆和桑巴德尔这些城镇购置几台旧机器,雇几个工人,开办裁剪工厂和制衣工厂。1995年,马德里和巴塞罗那中国货行发生"过期食品风波",西班牙政府严查中国餐馆,关闭了不少中餐馆,许多从事餐馆行业的温州华侨转行。1997年,劳工移民和"大赦"使服装加工业的发展有了劳动力资源的保障。同时,温州的服装业也在迅速崛起,成为主导轻工行业,出现了法派、报喜鸟、庄吉、夏蒙等十大男装品牌和雪歌等十大女装品牌。温州华侨反应敏锐,敢为天下先,不少工厂迅速鸟枪换炮,引进流水线,积极培养技术骨干和管理骨干,与欧洲名牌和品牌服装商店建立合作关系。到2004年,全西班牙华侨服装加工、裁剪工厂有600家以上,主要分布在桑达哥洛马、马达隆和桑巴德尔三个城市及周边地区。2017年,我到巴塞罗那考察,温州华侨制衣业已经形成强大的实力,虽然有部分向意大利普拉托转移,但是制衣、裁剪已经成为温州华侨与餐饮业相当的行业。服装工厂也在不断升级,近1000平方米的大型制衣工厂开始出现。瓯海仙岩华侨陈建友,在巴黎潜心研究西欧童装审美要素、流行款式,结合儿童心理学,自己设计制作童装,很快占领童装业的桥头堡,在巴黎马尔丹街世界童装顶级的庙堂开设两家童装商店,生意火爆,产品远销德国、意大利、西班牙、比利时等国。还有他的老乡刘若申在巴黎创办佩菲斯公司专营服装进出口,被巴黎侨界称为服装贸易旗舰。

　　同时期,意大利的服装加工业也悄然兴起。普拉托①是一个非常小的城市,普拉托共有 18 万人口,不到温州人口总数的 2%。普拉托是意大利最重要的纺织城,这里生产了大量的纺织品。20 世纪 80 年代,普拉托的服装加工一直有传统优势,加工费比别的地方低,服装质量好,出厂速度快,普拉托距离佛罗伦萨只有 17 公里,距离罗马、米兰也不远,这里火车 20 分钟就有一趟,交通上也很方便。当时在意大利都灵、米兰等城市从事服装加工业的温州华侨很快发现了这里的优势,就将自己服装厂、裁剪厂迁移到普拉托。1988 年,普拉托制衣厂和裁剪工厂不到 20 家。央视《温州一家人》的热播,更是让普拉托被中国人所熟悉。2024 年普拉托的温州华侨已经超过 4.5 万人,比例相当高。普拉托是一个老龄化很严重的城市,老城区这边老年人特别多,除了一些教堂,没有什么可以参观的旅游景点。华人区基本上见不到意大利人,几乎是中国人面孔。在普拉托的华人大部分从事纺织业,因为这里聚集这么多的华人群体,带动了其他产业,饮食方面,温州排档、火锅、意大利餐、日本餐、中餐馆,品种很齐全。到了华人区,你就像到了温州。还有不少温州华侨开设的超市。2024 年温州华侨在普拉托制衣、印染、印花、裁剪等公司有 1200 多家,制衣业和服装加工业是普拉托的经济产业支柱,2023 年,西班牙、葡萄牙、罗马尼亚的很多温州华侨与服装相关的工厂也转移到这里。

　　除了这传统行业的"三把刀",温州乐清的另一把刀——刻刀,也非常有名,是乐清华侨移民海外的主要谋生工具。乐清到新加坡、印尼的华侨早期大部分从事木器业。乐清木工师傅制作的木器家具,款式新颖,价廉物美,受到当地人民的喜爱。最早出去的刘道法在新加坡仅待了一年多,听说印尼木器业收入比新加坡更好,移居到了印度尼西亚。很快刘道法赚了不少钱,就在印尼成立第一家"中国木器公司",但是当时的销路有,产品赶不出来。刘道法就写信动员亲戚出国做木工。后来陈加斌、陈叔平、陈嘉煌、陈嘉槐、陈嘉余、陈嘉池、陈嘉启、倪丕柳、倪洪銮、倪洪权、倪孔琴、倪孔标、季康顺、瞿康姆、林永琴、刘道华等 20 多人先后移民印尼做木工。虹桥人印尼华侨倪孔标说他在 20 世纪 30 年代到印尼做木器学徒,当时印度尼西亚属荷兰政府管辖,使用货币为荷兰盾。当学徒第一年每月 8 个荷兰盾,基本上是供自己低水平费用。出师以后为自己做,多劳多得,所赚工资除住、吃和其他零星费用外,所剩也不多。旅居新加坡的乐清华侨,大都从事木器业。据旅居新

---

　　① 普拉托(Prato):意大利中北部城市,位于托斯卡纳大区,亚平宁山脉西北麓,临比森齐奥河,东南距佛罗伦萨 16 公里。重要的毛纺织中心,还有水泥、纺织机械与化学等工业。

加坡的陈立明回忆:乐清人去新加坡的一般都是木匠师傅,其中大部分幼年学艺,出师后到南洋谋生。8个新币一天,吃自己的,晚上睡"料凳",先在同乡或亲友的木器工厂当工人,稍积累一点资金,再租赁一个简陋的工厂,自己制作家具卖给家具店或酒店。新加坡是英国殖民地,对中国人很歧视。去新加坡要先到"樟山"住一星期,检查身体,每天吃黑面包,检查无病才让你去新加坡。由于初到新加坡,语言不通,非常怕警察,经常被抢(如手表等被拿去),过着非人的生活,为了谋生,只得忍辱干下去。

20世纪60年代至70年代,欧洲社会政治稳定,经济持续高速发展,人民购买力提高,为乐清旅居新加坡的华侨、华人另辟创业蹊径,提供了广阔天地。由于欧洲人没有经营餐馆的习惯,华侨、华人便抓住这个时机开设餐馆,使餐饮业在欧洲蓬勃发展。餐饮业工资比新加坡木器业高出一倍半,这无疑具有很大吸引力,在新加坡的乐清人放下自己熟悉的木器业,远赴欧洲,投资自己非常陌生的饮食业,另图创业发展。

第二节　外贸政策和进出口贸易

温州华侨经济行为与市场联系紧密,在温州发展起来的事功学说强调实用、实效,重视实践与创新,反映在温州经济活动中则是重实际效益,而非空谈理论。改革的春风为海外华侨注入了活水和动力,国家出台的很多外贸政策是撬动温州经济发展的杠杆。

1987年,国家实行外贸体制改革,提出"要实行自负盈亏,放开经营,加强管理,联合对外,以进一步促进对外贸易的发展"[①]。这是新中国成立以来在外贸问题上最大的一次改革试验,为了稳妥推进这项改革性政策,打破统负盈亏的外贸财务体制,扩大地方和一些企业出口自营权,简化进出口手续,优惠税收。先是选择轻工、工艺、服装等三个行业进行试点,自主经营、自负盈亏。改革开放逾四十年,我国经济从相对封闭转变为高度开放的发展格局。1977年货物进出口总额为148亿美元,新中国成立后28年间累计为1487亿美元,年均增长不足10%。改革开放以来,随着外贸管理体制改革和对外开放水平提升,我国对外贸易迅速发展。1978年至2020年,我国货物进出口增长超过220倍,年均增速接近14%,高出同期全球

---

① 摘自《国务院关于批转对外经济贸易部一九八八年外贸体制改革方案的通知》(国发〔1987〕90号),1987年9月16日。

货物贸易平均增速 7.5 个百分点。2001 年我国加入世界贸易组织后,贸易规模不断取得新突破。2004 年货物进出口规模突破 1 万亿美元,2007 年和 2011 年分别突破 2 万亿美元和 3 万亿美元。2013 年,我国超越美国成为全球货物贸易第一大国。2020 年新冠疫情暴发,我国外向型经济格局并未受影响,进出口贸易总额①反而更快速地增长。长期以来,我国经济增长的主要动力由固定资产投资提供,消费提供的经济增长动力较弱。进入 21 世纪后,消费、投资、进出口三大增长动力的发展格局日趋平衡。特别是温州,土地紧缺,企业用地紧张,成本高,华侨经济带动的进出口贸易对经济增长产生了很大的促进作用。

最近十年,我国显著降低了进口关税。2010 年,平均进口关税为 27%,而到了 2015 年,降至 15%,下降了 12 个百分点。到 2023 年,关税进一步降低,降至 6% 左右。发达国家的平均进口关税约为 5%,预计 2025 年,我国进口关税将与发达国家同步。这些政策对温州华侨经济的发展是实实在在利好。经济前进的脚步曲折上行,各种政策也是适时而动,以应时需。过去几十年,我国投资政策上集中于引进外资,20 世纪 80 年代这 10 年,中国每年引进外资大体上在 400 多亿美元、不到 500 亿美元;90 年代这 10 年,平均每年引进外资在 800 亿至 900 亿美元;到了 21 世纪初的 10 年,也就是 2000—2010 年,中国引进外资大概在 1200 亿美元。从 2012 年到 2022 年,虽然我们遭遇了中美贸易战,但每年引进的外资都在 1400 多亿美元,比上一个十年(2002—2012 年)平均每年增加了 20%。从 2017 年到 2022 年五年内,我们既经历了贸易战,又遭遇了疫情的冲击,平均每年引进的外资约为 1600 亿美元,总计引进外资达到 8000 亿美元。

还有一点更重要,当前的投资政策风向转向进出并举,既鼓励外资进入中国,也鼓励中国企业进行海外投资。从 1980 年到 2010 年的 30 多年里,中国的海外投资总额未超过 5000 亿美元,从 2017 年到 2022 年的五年间,中国每年的海外投资额超过 1100 亿美元,累计投资额接近 6000 亿美元。

为了鼓励华侨回乡创业,形成良好投资环境,国内出台政策,优化环境,为华侨

---

① 进出口贸易总额:指实际进出我国国境的货物总金额。包括对外贸易实际进出口货物,来料加工装配进出口货物,国家间、联合国及国际组织无偿援助物资和赠送品,华侨、港澳台同胞和外籍华人捐赠品,租赁期满归承租人所有的租赁货物,进料加工进出口货物,边境地方贸易及边境地区小额贸易进出口货物,中外合资企业、中外合作经营企业、外商独资经营企业进出口货物和公用物品,到、离岸价格在规定限额以上的进出口货样和广告品,从保税仓库提取在中国境内销售的进口货物,以及其他进出口货物。我国规定出口货物按离岸价格统计,进口货物按到岸价格统计。

简化手续,提供便利平台。1987 年《国务院关于批转对外经济贸易部一九八八年外贸体制改革方案的通知》明确提出要为广大华侨从事进出口贸易创造有利条件,这是温州华侨经济发展的重要分界线,也是促成 20 世纪 90 年代温州人第三次移民浪潮的主要因素。大批温州人漂洋过海,纷纷在世界各国开设贸易公司,开展进出口贸易。他们一方面把温州的产品推向世界,创造外汇;另一方面从国外引进先进的设备技术,驱动温州产品质量与世界接轨,提升质量并促进生产的发展。到 1997 年,外贸体制改革十年,温州直接出口额达 21156 万美元,出口贸易从小额向规模经营发展,贸易国家和地区扩展到 137 个。欧洲、美洲、东南亚、中东、非洲成为温州出口商品的重要市场。

温州海外移民的三次浪潮均与国内社会经济变化存在千丝万缕的联系。温州华侨华人是温州经济走向全球的开拓者和贡献者,也是温州经济在全球化进程中的引领者。作为改革开放以来海外资本回温投资的主要群体,2023 年温州再次举办世界温州人大会,发布的很多数据可以看到温州华侨参与温州社会经济建设的力量。2022 年"温州人经济"总量约为 1.4 万亿元,占浙江省的 22.5%,共有涉侨企业 3000 余家。

据温州市统计局数据,2022 年温州市累计进出口总额达 2949.6 亿元,直逼 3000 亿元,同比增长 22.4%,其中出口总额 2502.0 亿元,比上年同期增长 22.9%;出口增速明显高于进口,进口总额 447.5 亿元,同比增长 19.3%。截至 2022 年底,新签外资合同项目 115 个,合同外资 144258 万美元,实际利用外资 54450 万美元。近五年来,温州进出口总额增长趋势受疫情持续、地缘政治冲突、通货膨胀等不利因素影响,有所放缓,但总体趋势呈现量稳质提、趋势向好、波动增长的态势。华侨华人资本是温州市外资"引进来"的主体,特别是实际使用外资这块,占比很大,温州侨商发挥了重要作用。

另一组数据同样值得关注。2022 年,温州市实现对外直接投资备案额 9 亿美元,其中对"一带一路"共建国家和地区投资额 7.87 亿美元,占全市中方投资总额的 87.4%。自 2018 年我市成立"一带一路"对外开放工作领导小组,截至 2023 年 6 月,温州市已有 14 个重大项目纳入国家和省"一带一路"项目库,总投资 36.47 亿美元,累计对"一带一路"共建国家进出口总额超 4800 亿元。"一带一路"倡议提出十年来,温州市先后获批市场采购贸易方式试点、国家跨境电子商务综试区、温州综合保税区、浙江自贸区温州联动创新区、国家华商华侨综合发展先行区、浙南闽北赣东进口商品集散中心、中欧班列"温州号"7 个重大开放平台。温州港完成海

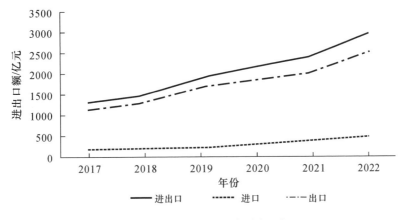

2017 年至 2022 年温州市进出口额

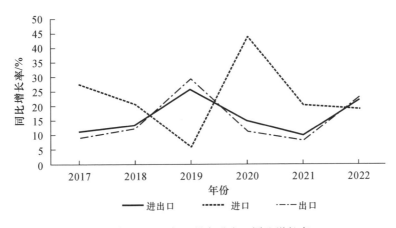

2017 年至 2022 年温州市进出口同比增长率

港集装箱吞吐量 117.86 万标箱,同比增长 13.8%。温州港近洋航线现已联通俄罗斯、韩国、菲律宾等国家,外贸航线累计增至 15 条。新开国际(地区)客运航线 3 条,加密 1 条。仅 2023 年 1—9 月,中欧班列"温州号"整体到发运量 98 列,服务企业 952 家,货值 3.25 亿美元;海铁联运共完成 4112 标箱,同比增长 23.7%。区域物流枢纽地位进一步提升,充分释放政策集成效应。

现代流通体系建设是促进货物流通的重要渠道,温州华侨得益于流通体系的建构而获得更为便利的贸易行为。我国已成为世界上 120 多个国家和地区的最大贸易伙伴,以"一带一路"为支撑的经贸往来和产能合作不断深化,与越来越多的国

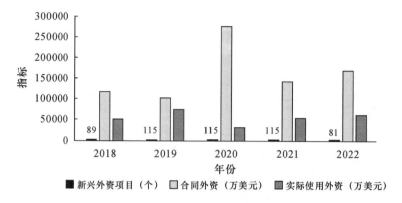

2018 年至 2022 年新兴外资项目、合同外资、实际使用外资等指标

家签署双边自贸协定,加入 RCEP① 给我国企业重构供应链、成为全球供应链核心提供了机遇,为中资企业对外投资创造了广阔的发展前景,有利于我国企业加快迈向价值链高端。随着人民币国际化和数字化进程加快,以人民币为核心的"东亚数字货币"构想、加快构建不依赖 SWIFT ②的跨境贸易结算新网络正在提上议事日程。我国作为世界经济的增长引擎和全球产能的复苏中坚,国际贸易的开放快车发展韧性强、需求动力足、增长潜力大,这些因素无一不在助力温州华侨经济的稳健运行。

1890 年,美国 GDP 跃居世界第一,但也正如历史学家霍夫施塔得所说:"19 世纪 90 年代的美国陷入了一种普遍的'心理危机',整个社会处于恐慌和迷惘状态,对未来的命运感到担忧。"美国社会经济出现红利消失、产能过剩、利益集团垄断等问题突出,谁也没有想到,却迎来了美国崛起关键十年。温州华侨经济作为与世界经济走得最近的群体,"宏观"层面自然与他们关系密切,或者说,他们零距离地处于"宏观"中,三年疫情叠加俄乌战争、巴以冲突,中东战乱军事接管海峡,直接影响了贸易的通道和成本,让每个侨民的生活变幻不定。永嘉学派事功学说中很重要的一个理论就是"弥纶通变",温州人先天具有海洋文化的精神,他们的基因中"水能赋形"的特质明显。宏观形势总有好有差,再差形势下也有好企业,再好形势下也有垮掉的企业,温州华侨会以最快的速度接轨市场,并立于市场中心。

---

① RCEP:即《区域全面经济伙伴关系协定》(Regional Comprehensive Economic Partnership),是 2012 年由东盟发起,历时八年,由中国、日本、韩国、澳大利亚、新西兰和东盟十国共 15 方成员制定的协定。

② SWIFT:指国际资金清算系统,由环球同业银行金融电讯协会管理。

亚当·斯密曾经就重商主义原理做了形象且精辟的阐述:"正如没有葡萄园的国家需要从外国获取葡萄酒一样,没有金银矿山的国家也需要从外国获取金银。政府似乎没有必要特别注意某一种物品而特别不注意另一种物品。就像一个有财力购买葡萄酒的国家总能获得它所需要的葡萄酒一样;一个有财力购买金银的国家也绝不会缺少那些金属。金银就像其他所有商品一样,也需要以一定的价格购买;而且,正因为金银是其他一切商品的价格,所以其他一切商品也都是金银的价格。我们确信,脱离了政府注意的自由贸易,也会为我们提供需要的葡萄酒;我们同样确信,自由贸易总会按照我们所能购买、所能使用的程度,提供用来流通商品或用于其他用途的金银。"①

进出口贸易对于温州经济发展的重要作用不言而喻,自古以来,重商主义原理在温州人的身上有着很好的演绎。习近平总书记2020年在广东视察时指出:中国的改革开放,中国的发展建设跟一大批心系桑梓、心系祖国的华侨分不开。华侨华人是中国对外开放的一支重要力量,为全球国家之间的共商共建、文明交流、经济合作作出贡献。温州是浙江省海外华侨最多的地区,近三分之二留居欧洲,在意大利最多,占14.31%。温州作为海上丝绸之路重要节点城市,有38万华侨华人活跃在"一带一路"共建国家。温州华侨对于温州经济发展和社会建设是一支极其重要的队伍。

第三节　侨资企业和产业蝶变

回归温州投资创业,反哺家乡经济,这是温州华侨华人一以贯之的优良传统。温州华侨普遍有深厚的家乡情结,投资家乡,资金、技术、人才回归,推动地方建设,参与教育、医疗、慈善,提升基础设施,这样的风气已经形成良性循环。侨资企业是指在中国境内注册登记,独立经营或者同国内企业合作生产、合作经营的华侨或港澳同胞资本的公司、企业和其他经济组织,其资本占投资总额25%以上。侨资企业与外商投资企业有所不同。外商投资企业指外国企业和经济组织或个人(包括华侨、港澳台胞)按我国有关政策、法规,用现汇、实物、技术等在我国境内开办的外商独资企业,或者与我国境内的企业或经济组织共同举办中外合资经营企业、合作经营企业或合作开发资源的投资(包括外商投资收益的再投资)。

---

① 亚当·斯密.全彩图解国富论[M].高格,编译.长春:吉林文史出版社,2019:150-151.

　　侨资企业是温州实际利用温州侨商直接投资的主体。早在1958年4月,温州就成立了华侨投资公司,该公司由统战部、财政、银行、工业、侨务等部门负责人和归侨、侨眷代表组成,并在部分县设立办事处。改革开放以后,温州市政府对侨资企业实行了各种优惠政策,吸引华侨在温州创办侨资企业,像龙湾的米莉沙(中国)皮件有限公司,就是由法籍华人陈其跃创办的,他从意大利、法国引进一批先进的皮件加工设备和优质生产原料,从上海、广州等地高薪聘请一批高级技术人员,1995年,中国外交部礼宾司将米莉沙皮件产品列为"国礼品"赠送国际友人;全国12家大型航空公司将米莉沙产品作为定点产品。

　　改革开放以来,温州投入巨资,建设基础设施,改善投资环境,相继建成机场、港口码头、铁路、高速公路、大桥等,吸引温籍华侨华人回温投资。1984年,广和塑料制品有限公司是温州第一家中外合资企业。1988年,中外合资企业增至11家,合作企业2家,外商独资企业1家。1989年,三资企业增至28家,其中中外合资企业21家、合作企业3家、外商独资企业4家。到1992年,温州市批准外商投资企业302家,投资总额为40624.2万美元。

　　1992年,旅法华侨曾旭光在温州创办华士服装(中国)有限公司,投资157万美元,从日本、德国等国分别引进具有20世纪90年代先进水平的"CAD"电脑设计打版机、特种缝纫机、蒸汽定型机等生产设备,年产西服200万套。1996年华士西服被国家服装质量监督检验中心列为浙江省唯一的服装名牌产品。温州法派集团海外结盟也是温州侨资企业发展的标志。2005年3月,法派集团与荷兰GLOBAL ACT 和 THE MAKERS 两家百年企业签约,法派集团和GLOBALACT 各控股40%,THE MAKERS 控股20%,分别在荷兰、比利时、中国香港三地,各组建一家名为"三力控股有限公司"的企业,全面拓展欧洲、中东、东南亚等地市场,充实温州服装加工企业的业务量和国际品牌形象。

　　1992年和1995年,温州先后两次召开海外"三胞"联谊会,制定了一系列针对华侨的优惠政策,调动了海外侨胞的投资积极性。1996年,温州华侨投资公司吸收温籍旅居法国、荷兰、西德、波兰、葡萄牙、日本、印度尼西亚、新加坡、美国、巴西等国和港、澳地区66位侨胞的资金,投资创建温州动力机厂等国有企业和温州华侨旅馆、温州华侨针棉织品厂等6家侨属企业。

　　1997年,温州吉尔达鞋业有限公司投资3000多万元,从意大利引进最先进的设备4条流水线,全公司生产线增至10条,产品远销西欧、东欧、东南亚等30多个国家和地区。20世纪90年代,温州十大品牌男鞋和十大品牌女鞋引领了中国潮流。

开放的市场与优惠的政策,让温州华侨资本与温州内地企业很好地互动,这不是简单的"1+1>2",而是温州华侨资源带动了温州企业接轨国际市场,以侨为桥,产生了正向反馈耦合效应①。温州侨资企业温州信泰光学眼镜有限公司打入国际市场,也带动了温州眼镜市场占据了庞大市场。浙江侨光集团有限公司生产的DZ12 小型断路器等 20 种产品,远销菲律宾、印度尼西亚、马来西亚、日本、希腊、埃及、加纳、南非、伊朗、阿联酋、孟加拉国、阿根廷等 20 多个国家和中国香港、台湾等地区。同时,温州华侨还投资开发房地产,据温州侨办统计,1995 年温州市区建成60 余幢高层大厦,其中 37 幢是温州海外华侨和港澳台同胞投资合建的。

温州华侨回归家乡投资创业,给温州经济注入了活水,也引爆了温州经济的发展。瓯海区 1983 年侨资企业 1 家,1991 年发展到 20 多家,年产值 900 多万元,到1997 年末,全区发展到 70 余家,年产值达 1.6 亿元,创税利 1505 万元,出口创汇780 万美元。永嘉县,1986 年侨资企业 20 家,到 1990 年这 20 家企业工业总产值达 3574 万元。乐清市,1980 年侨资企业 2 家,1985 年 22 家,产值达 1500 万元,创汇 750 万元。1997 年,发展到 29 家,工业总产值 2.3 亿元,创税利 1900 万元,创汇3000 万元。

1984 年,温州全市侨资企业 20 家。1996 年,发展到 205 家,年产值达 7.8 亿元,年利润 3255.65 万元,上交税金 5321.27 万元,创汇 1442.54 万元。

20 世纪 80 年代以来,温州小部分华侨开始经营金融、房地产、运输、旅游、纺织、电器、塑胶等行业。旅法温州籍侨领任岩松被称作"浙南陈嘉庚",用一生诠释了何谓"身在异乡,心系故土"。他的故事,不仅是一部海外华人的奋斗史,更是一曲教育报国的赤子长歌。1912 年,任岩松出生于瓯海区丽岙镇任宅村,少年丧父。1933 年,21 岁的他初抵巴黎,在巴黎 12 区开设百货批发公司,与同乡合伙经营。1939 年,与老搭档潘方顺及犹太人共同创办小五金工厂。凭借温州人特有的坚韧与商业嗅觉,任岩松逐步涉足房地产领域,至 20 世纪 70 年代,他已成为巴黎侨界知名的实业家。1982 年,任岩松捐资 38 万法郎在家乡丽岙创办"任岩松中学",成为浙南地区首所由华侨独资兴建的全寄宿制公立高中。1993 年校庆,他再次捐资百万元,并赠送价值 70 万的校车。2000 年 3 月 3 日去世,在巴黎拉雪兹神父公

---

① 耦合效应:是指在一个系统中,两个或多个变量之间相互影响的现象。这种相互影响可能是正向的,也可能是负向的。

墓的追悼会上,数百名旅法华侨与法中友人肃立雨中送别这位传奇老人。祖籍温州的巴西华人林训明被称为"巴西黄豆大王"。20世纪70年代中期就开始投资农场、林场、旅游、运输、保险、证券经纪等行业,并开始向石化业拓展,先后建立了聚丙烯工业公司、石化投资公司和无纺布企业。1988年,林训明与比利时一家公司合资建立南美最大的石化企业,生产苛性碱、聚氟乙烯等化工原料,成为以石化工业为重点的多元化大集团。不少温州华侨从餐馆业、皮革业转向国际贸易,把温州乃至全国的产品销售到世界各国,同时又把外国的先进技术、设备引进温州。温州男鞋、女鞋和服装品牌崛起,打入国际市场,与温州华侨的牵线搭桥密不可分。旅法温州华侨郑国光、郑国兴兄弟,从1986年起,先后在法国巴黎创办了法国北方进出口公司、郑氏兄弟进出口公司、ABC进出口公司,将温州各类小商品和工艺品共300余种输入法国市场。温州旅荷兰阿姆斯特丹华侨黄一伟、戴慈慈夫妇,温州旅荷华侨徐卓娅、温州旅西班牙马德里的王力上与王天虹母女都开设进出口公司,将温州小商品如打火机、儿童玩具、佛像、皮带、背包等数百种出口到海外市场。

温州华侨经济具有鲜明的"温州模式"特点。20世纪80年代初期,温州华侨出口的商品主要集中在服装、鞋革、打火机、小五金、工艺品及各类日用小商品。这一代华侨是欧洲市场的开拓者,也是温州经济的推动者。他们引进的商品主要是机器设备、纺织原料、制革原料等等。比如温州知名鞋业康奈集团、奥康集团不仅从意大利引进机器设备,还在意大利南部安科纳皮鞋制造产业区建立研发中心,接轨世界皮鞋潮流。当时温州皮鞋业迅速走向全国乃至国际市场,就是因为通过华侨这条线,借鉴了意大利鞋业生产制造工艺。国家实施外贸体制改革初期,温籍华侨投资带动进出口贸易,温州进口的商品主要是华侨投资所需要的生产原料和设备,而温州出口的商品则大部分是华侨投资企业生产的产品。像郑秀康到意大利学习考察,也是温州华侨牵线组织。1987年国务院制定政策,鼓励进出口贸易,1989年外商直接投资企业达到52家,总投资额总计3800万美元,其中华侨、港澳同胞投资的有9家,总投资额占外商投资75%。到1994年,全市880家三资企业中,侨资企业有359家,总投资39297.023万美元,总产值25.01亿元。到1996年底,全市"三资"企业达946家,投资总额14.38亿美元,其中侨资企业787家,投资额12.22亿美元,分别占83.19%与84.98%。1997年底,温州市三资企业1226家,总投资金额27.46亿美元,其中侨资企业达816家,投资额占外资总额80%以上。至1998年底,全市三资企业1321家,侨资企业1090家,投资额占外商总投资80%左右。截至2023年底,温州市拥有进出口实绩企业达11364家,其中自营出口超千万美元企业数达 774 家,出口超 5000 万美元企业数达 67 家。

表 1　温州某家侨资企业近五年外贸出口额

单位:美元

	英国	南非	美国	德国	印度	小计
2018 年	2,725,603.80	1,9683,952.86	1,123,957.57	797,618.06	723,006.40	7,334,138.69
2019 年	1,520,539.64	2,254,391.96	997,782.69	801,621.55	467,703.00	6,042,038.84
2020 年	409,699.50	2,510,473.70	881,032.17	55,431.63	242,515.00	4,699,152.00
2021 年	27,452.50	3,373,149.77	1,566,699.86	1,580,379.33	491,021.80	7,038,703.26
2022 年	0.00	4,099,635.41	1,202,405.43	1,015,474.10	584,061.00	6,901,575.94
小计	4,683,295.44	14,201,603.70	5,771,877.72	4,850,524.67	2,508,307.20	

从国家实行外贸体制改革到国家提出"新质生产力"这 37 年里,温州华侨经济与温州产业结构发生重大变化。温州新生代华侨宋胜仲、金马克等就已经布局新能源产业领域,陆晓锋、潘颂勋等人完成从品牌代加工到品牌企业创立的蝶变,李万春等人建立起现代新零售产业模式,胜华波集团、恭天集团、浙江洲一铝业集团完成跨国产业布局。还有不少温州华侨已经在南美、非洲谋划布局新能源汽车上下游产业链和整车销售。

温州的很多产业实现全球化价值链,就是很好例证。特斯拉来到中国,短短半年就实现了国产化。除了零星的一些芯片向国外采购,96%以上已经国产化。汽摩配是温州制造业中的拳头产业,有近百家汽配厂为上市公司做配件。新能源汽车形成了全产业链的蓝海,敢为天下先,这是温州人的特点,也是温州华侨的特点。新能源汽车走向世界是必然的事,温州有很好的汽配产业基础,提前谋划,提前布局,敢于吃螃蟹,这是温州华侨的特点。仅仅瑞安汽摩配公司就有 1200 多家。一个轴承、一个螺帽也能做成一家规模不小的公司。我陪同一位温州华侨到山东考察,打算在国内寻找厂家,引进德国技术,做国产替代。目前医疗器械国产价格是国外的 1/5 左右。我在米兰去看过一家温州华侨创办的医疗器械公司,与德国这位华侨相反,是做国内产品出口。在普拉托,温州华侨则已经开始投资创办一流的民营医院。如果对这十几年来温州华侨从事的经济行为作比较,你会发现很多不同。之前在意大利、西班牙的温州华侨多数是做日常生活用品的国际贸易。现在已经有不少转向大件,从低端往高端走。原来很多温州华侨从事传统产业,现在转向高新技术产业,契合国内经济结构调整。

国内出口产业发生了结构性的变化。2010年,中国进出口贸易额3万亿美元,其中出口约1.5万亿美元,70%以上是劳动密集型的纺织品、服装、箱包、玩具等轻工产品,机电、电子类产品仅占20%。而到了2023年,中国的进出口贸易额达到6.3万亿美元,其中出口为3.3万亿美元,比2010年增加了一倍多。出口产品的结构发生了颠覆性的变化。3.3万亿美元中劳动密集型产品的比重从约70%降至10%。技术含量高、附加值高的机电、电子产品占到90%,出口值近3万亿美元。这种颠覆性的变化也让美国深感危机,就要卡我们脖子。但从市场经济的规律来说,产品只要有市场,是卡不住的。

这种以温州华侨作为桥梁,将国内国外的产业链接成一体,在国内外同时布局,促使温州经济产业结构有了根本性的改变和调整。这种正向反馈耦合效应,对温州经济的调整和健康发展有着重要意义。孙运之在米兰创办金砖投资集团;傅建初从原来的灯具贸易扩展到建设路桥的大型机械、运输的卡车;宋胜仲在米兰创办华力能源集团;郑旭涵在德国科隆建成大型仓库,10多年前就利用平台做轻工业产品贸易;几位温州华侨在普拉托投资建设民营医院;潘颂勋收购意大利著名品牌企业BK公司;洲一铝业在阿联酋和温州同时建成生产线,生产全球最薄的钢板。种种不同类型的经济体,都在证明温州华侨从事的经济产业,以应时需,逐步走向经济前沿。从经济学的角度来看,那些没有增加社会总体福利的竞争,会逐渐局限于自身内部,不断进行复杂化的无效转变,最终反而降低了经济效率,增加了企业成本。而温州华侨不一样的地方,就是能迅速地找到恰当的经济契合时代和地域。比如我们在肯尼亚考察中国城、唐人街,这里的经济相对落后,制造业不发达,温州华侨就充分利用温州产业优势,在当地利用劳动力成本低的优势,将温州的鞋材、箱包半成品运到肯尼亚,直接加工销售。

这10年,温州劳动力的成本上升幅度一倍以上,而非洲一些国家从事劳动密集型产品的工人工资不到温州十分之一。在人口红利逐渐消失的背景下,中国很多民营企业转移到东南亚、非洲、南美等国家,温州华侨投资的企业也紧随其后,虽然企业转移了,但管理、技术原材料和关键部件还来自中国。2019年,东南亚十国与中国的贸易额为6500亿美元,2022年,这一数字已超过1万亿美元,短短三年增长了50%。原来温州的一些侨资企业,还有温州华侨办在广东潮汕、东莞、越秀、珠海等地企业转移到东南亚、非洲、南美、中亚,就是因为生产力和生产要素的因素,迫使它们作出产业迁移,这是时代变迁的必然。

第四节 商品城经济和新零售

温州华侨市场敏感性强,善于捕捉商机,快速适应变化和市场导向,从传统制造到新兴行业,如数字经济、环保,反应速度快,紧跟全球趋势。20世纪70—80年代,中国改革开放方兴未艾,在商业竞争日趋激烈的环境中,不少华商已意识到必须转变观念,摆脱传统保守的经营方式,开设特色商品店。西班牙、意大利及东欧一些国家逐渐形成以鞋类、小百货、服装为主要商品的商贸市场。到了20世纪末21世纪初,温州华侨遍布全球,现代商贸得益于中国经济的快速发展,迭代升级,逐步形成国际网络,利用海外信息、市场资源,构建国际贸易链,灵活应对风险,形成全球生产、销售网,实现国际分工合作。

1999年,温州侨商陈志远到迪拜经营温州小商品,深受欢迎。他发现迪拜有个大商场一直闲置,于是与当地有关部门签下合同,将商场盘下,然后就开始招商,不到三个月,分散于中东各处的温州华侨华人纷纷聚集于此,温州商品源源不断地从国内流到此处,再从此处流向四面八方,商场被命名为"中国商品城"。接着又创建"中国轻工城""中国志远鞋城""中国汽配五金城"。温州华侨还在叙利亚首都大马士革阿德拉自由区投资兴建中国商贸城,一期占地面积一万平方米,设有百家独立铺面及配套的仓库、辅助设施等。这是经叙利亚经济部批准,获得叙利亚政府相关部门合作支持,并得到中国驻叙利亚大使馆认可的综合型商贸城,经营家具、家用电器产品、五金制品、机械产品、电力电容器、机电产品、服装、鞋帽、床上用品、小商品等系列产品。这在叙利亚是唯一的大型综合商贸城,入围中国商贸城的企业享受零关税待遇。以此为平台,将中国商品辐射到土耳其、沙特、科威特等国家及地区。

温州华侨王立群还在伊斯坦布尔市中心创办土耳其乃至中东地区最大的"中国城",总面积有8万余平方米,是中国公司和商人拓展土耳其、欧盟和中东市场的商业平台。土耳其是欧盟共税国之一,从土耳其到欧洲其他国家货物不用再上税,今后温州的轻工产品可以通过这条绿色通道进入欧洲。温州华商张利惠1992年到美国,2004年,在纽约有第四华埠之称的艾姆斯特创办大中华超市。此后以每年新增两个超市的速度扩张。短短几年,先后在纽约、波士顿、新泽西及弗吉尼亚州等地开设分店,超市从最早的几百、几千平方米,扩张到几万平方米,引发了美国当地零售业对华人超市的极大关注。在纽约市布鲁伦区八大道,人流密集,非常繁华。张利惠新开的连锁店无论在店铺面积还是货物陈列上,均是布鲁伦区八大道上最大的一家标准超市。

2006年9月间,欧洲华侨华人社团联合会第14届年会在法国召开,来自全欧洲200多个侨团、侨社的600多名华侨领袖齐聚巴黎,国务院侨办领导、中国驻法国大使赵进军等前往祝贺。而这中间最引人注目并成为本次会议焦点的,是来自温州的年轻企业家林东以及他的合作伙伴郭羽作了R＆V创新商业模式的演讲,后受邀到欧洲管理学院作了题为《来自中国的创新——R＆V商业模式》的演讲,中国企业家首次将管理思想输出到欧洲,颇具影响。

意大利的Eataly"超市＋餐饮"模式给了温州华侨很多启示。2007年,第一家Eataly超市餐厅在意大利都灵开张,Eataly的第一个核心标签是"Italy(意大利)"。餐厅里的比萨、提拉米苏、牛排,都能找到纯正的意大利体验感。Eataly的第二个核心标签是"集市",意义在于氛围、沟通、发现、学习,是一个超级体验场景。Eataly"超市＋餐饮"模式逐步扩展到欧洲、美洲及亚洲,《纽约时报》评价Eataly是一个集合了欧洲集市、全食超市、高端美食广场以及新型学习中心的超级商店。温州华侨零售行业无论是服装服饰、箱包、鞋业皮革还是食品、饮料、药品等在采购、加工、销售上建立了国内外同步联动模式,逐步向Eataly零售模式靠拢。

21世纪以来,国内经济快速发展,欧洲以其悠久的历史、多彩的文化吸引了众多中国游客。温州出现了"出国游"热,温州华侨很快抓住了商机,开始参与经营旅游公司,旅馆业和批发经营旅游纪念品。朱晓凯在老家学过裁剪、木匠,刚到荷兰在餐馆跑堂洗碗,后开超市和为华侨申请居留和开店的服务公司。当他看到荷兰的旅游资源,转向国际旅游业务,到希腊圣托里尼岛购置游轮,拓展业务和路线。2001年以后,欧洲有很多温州华侨转向旅游业,作为世界第一旅游目的地国家法国,更是急剧上升。不过,2015年的巴黎恐袭和2018年的"黄马甲"运动影响了旅游业,使其处于小幅波动之中,这种波动量化到导游身上,表现为"2018年人最多,但2010—2015年钱最多"。

华人群体数量大,自身消费能力强。欧洲不少国家,出现以华人基本生活需求为经营对象的大批中国商品超市、地道中国风味的餐馆之外,还出现了大批以华人餐馆为主要顾客群的装修公司、面向华人的中西医诊所药房、中文印刷店、美容美发店、洗脚按摩店以及珠宝首饰礼品店等。一些接受过高等教育的温州华侨华人开设了律师事务所、会计师事务所、翻译公司等。这些新兴产业推动了中国与海外市场的经贸往来,也促进了所属地经济的繁荣和多元。这些海外华侨经济清晰地印着"温州"二字。

第五节 特色产业群的集群效应

集群效应通常指的是在特定地理区域内,由于相似或互补的业务活动而形成的企业群体。这些企业之间通过合作与竞争,能够共享资源、技术、人才和市场信息,从而提高整体的竞争力和创新能力。温州华侨身处海外,往往因为血缘和地缘关系结成各种宗亲会、侨商会、同乡会等各种侨团组织,这种社会关系自然影响了经济模式,温州华侨经济集群效应的特征比其他地方更明显。海外温州华侨还是以加工制造为主要产业,大部分集中在小五金、汽配、服装、鞋包、皮革等轻工产业,也有涉及高特精的高新技术,但为数不多。血缘和地缘文化影响下的熟人结盟,从产品设计、研发、原材料采购、国际物流、生产、销售以及产品的上下游供应链等各个环节,用温州话描述,就是"都是自己人的货",产业生态系统完整,温州华侨经济产生了规模效应和集群化优势。

在我走访的意大利、匈牙利、希腊、俄罗斯、西班牙、法国、澳大利亚等九个国家400多位华侨从事的各种行业,他们的经济业态与温州经济深度融合。温州华侨把温州经济模式带到了世界各地。我们课题组向海外侨商发放了500份调查问卷,从收回的428份调查问卷来看:从事皮革业35人,占8.1%;珠玉业23人,占5%;服装加工、裁剪43人,占10.04%;旅游业7人,占1.63%;跨境电商业11人,占2.57%;汽车销售进口业3人,占0.7%;经济师、律师事务所12人,占2.8%;华文教育(学校)(包括华文学校教师)26人,占6.07%;高新技术产业15人,占3.5%;医药医疗器械业3人,占0.07%;现代农业13人,占3.03%;电子电器等工业机械业11人,占2.5%;水产养殖业3人,占0.07%;餐馆酒楼64人,占14.95%;厨师和服务员89人,占20.7%;个体经营38人,占8.88%;工人74人,占17.28%;国际贸易13人,占1.91%;其他职业22人,占5.14%。

温州华侨所从事的贸易、皮革、服装加工和餐馆业等传统产业正在不断迭代升级,逐步在世界经济潮流中往新质生产力蝶变。海外华侨经济最重要的竞争要素是性价比高的"中国制造"。这些年国内工业结构调整的力度很大,加工贸易占比逐步降低,制造业产品性价比越来越高,进出口贸易和批发、零售业成为近年来海外华侨经济中增长最快的组成部分,不少国家和地区,进出口商品批发、零售业已成为温州华侨华人社会的经济主体。1987年外贸体制改革后,温州华侨经济出现更多新兴模式。一是从事进出口贸易业务的人数增多,代理国内和国外企业的进

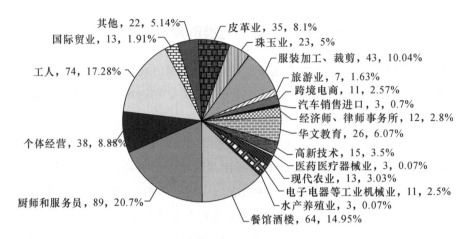

温州华侨行业分布

出口业务兴起。二是从事服务类业务的人数增多,如餐饮、旅游、物流、经济师事务所、律师事务所、数据平台、跨境电商公司等新兴行业崛起。三是从事商品采购、运输、储存和销售等业务的跨国企业明显增多。

温州华侨经济的集群效应最大特点是国外出现了数量不少的温州城、唐人街、中国城、中华城等华人集聚街区。温州华侨经济是哪里热闹往哪里聚集,目前海外命名为唐人街、华人街(华埠)、"中国城"的温州华侨集聚地全球超过 300 个,较集中的海外城市有法国巴黎,荷兰阿姆斯特丹、鹿特丹、海牙、乌得勒枝,意大利米兰、都灵、罗马、佛罗伦萨、普拉托、博洛尼亚,奥地利维也纳、格拉茨、萨尔斯堡,美国纽约、旧金山、洛杉矶,西班牙马德里、巴塞罗那、马拉加,南非约翰内斯堡等。

林雄、林杰是智利 CASA BELLEZA 化妆品系列的缔造者,该品牌的系列产品深受智利消费者所喜爱。他们的父亲林正钱是智利浙江商会创会者之一,也是智利温州商会的荣誉会长。林雄是智利温州商会的常务副会长,为 2024 年智利启动唐人街改造项目,林雄和林杰慷捐赠了 1000 万比索,在他们带动下,289 个家庭参与了共建智利唐人街的捐助。被称为"中国城"的巴黎第三区里面有"温州街",巴黎十三区的美丽城、普拉托的华人街、米兰的唐人街、海牙的唐人街、阿姆斯特丹的唐人街,到处可以看到挂着中文招牌的温州店。巴黎北郊的欧贝维利耶市聚集了超过 600 家批发商家,是法国最大的批发商集中地,温州华侨华人占比很高。意大利米兰巴罗沙波街以文成人居多,巴西圣保罗的华人街以瑞安、鹿城、龙湾人居多;纽约曼哈顿华人社区也住着不少温州人。西班牙马德里唐人街,温州华侨各类批发店就有 200 多家。巴西圣保罗唐人街,米兰、罗马、巴塞罗那、布达佩斯、卢旺达、肯尼亚命名为中国城、唐人街的,聚集了数量众多的温州华侨。

意大利形成的温州华侨集聚的贸易批发市场是温州华侨中最多的。米兰唐人街(Via China)是中国人移民意大利最早和人数最多的地区,在该地区从事中国货贸易的有近 600 家,经营的商品种类繁多,整个街区布满了各色中文招牌,其中温州华侨最多。罗马"胜利广场—维多利奥广场"东部街区的华侨华人 6 万多人,华商贸易公司 600 多家,温州华侨占比一半还不止。普拉托华侨华人的比例已超过 25%,从事裁剪、印染、印花、服装批发、零售的华侨华人基本来自青田和温州,贸易大户每年约进口 400 个货柜,中等的也不下 200 个货柜。

温州曾经被联合国工业发展组织认定为全球最具活力的城市之一,工业配套齐全,特别是轻工制造产业基础良好,开放条件优越。温州华侨经济经历了单打独斗到集群协作效应的转变,从产品走出去到企业走出去的转变,从尝试性走出去到规模化走出去的提升。先后在美国、俄罗斯、阿联酋等地设立 30 个境外商品城,建成 400 多家境外营销机构,无缝对接国际市场,形成了贸易往来、投资办厂、资源开发、收购兼并、融资上市及设立境外经贸合作区等多种形式并举的新格局。

温州人的结盟集群,自古就有浓郁的风气。温州人青少年时期就有结成结盟的风气。男的叫"盟兄弟",女的叫"姊妹儿",都是少年一起长大的,如同亲兄弟亲姐妹,互相人情往来。还喜欢成立各种各样的协会,眼镜协会、电气协会、汽摩配协会、吉他协会、游泳协会、登山协会、茶友会、自行车协会等等。

华侨在海外结盟发挥了很好的集群效应。我国与东盟国家的电力合作潜力巨大,未来 10 年,东盟各国对电力需求将大幅上升,预计电力设备、电气产品至少需要 1000 亿美元。温州市电气行业协会抓住"一带一路"国际合作重大契机,内外结合,科学规划,有序推进,积极引导行业企业加快走出去步伐。2016 年,温州市电气行业协会与"一带一路"共建国家签订了 17 个投资合作项目。人民电器集团在沙特本土共有 15 个展示厅,100 多名销售人员,并配有多个办公室场地和仓库。正泰集团与巴基斯坦拉合尔供电公司签订了变压器供货合同,合同金额超亿元,创下了巴基斯坦政府电力变压器招标项目金额最大和数量最多两项纪录。与巴基斯坦卡拉奇电力公司等主要供电公司签订了变压器集中供货合同,总数量超百台,遍布巴基斯坦全国。正泰还承建了巴基斯坦国家电网公司 NTDC 的多座变电站 EPC 总包工程。在泰国重点发展的北柳府,正泰新能源年规划产能 600MW 的电池工厂已于 2016 年正式投产。正泰参与发起的"绿丝路基金"致力于丝绸之路经济带生态改善和光伏能源发展,应对气候变化,发展绿色经济。德力西电气在海外市场推出 3/6/9 三个系列产品,电气海外业务已覆盖全球 50 多个国家。温州兴乐集团签约菲律宾考斯瓦根 4×135 兆瓦燃煤电厂项目,成功参与菲律宾电力工程建设。温州市电气行业可以说以集群的方式海外作战,扩大了影响力,显示了实力,发挥了"1+1＞2"的优势,也为企业之间互相照应,形成产业链做了铺垫。圈内当时有个说法非常接地气,"走出去、走进去、走上去",温州华侨企业对接整合全球优质资源,持续输出绿色、先进产能,在互联互通中与海外客户共享发展机遇。

旅德华侨冯定献的故事很有代表性。冯定献是温州乐清北白象人,北白象镇生产资料批发市场当时很有名气,这是中国第一家创办的生产资料批发市场,冯定献当年就在市场边上有个铁匠铺,售卖自制的镰刀、锄头等农具家什。历史上,乐清推销产品有自己独特的模式。1992 年,冯定献还只有 30 岁,就从铁匠铺起家,创办了企业。就在企业蒸蒸日上时,冯定献去了德国,打算把温州的五金、打火机等各种小商品打进欧洲市场。当时,要把"中国制造"推销到德国,这难度肯定很大。

冯定献半年时间跑了德国多个城市,先后参加了 20 多个展销会,基本摸清欧洲市场后,在不来梅注册成立了德国冯氏进出口贸易公司,并在德国一个订货会上租了个摊位,亮出了从中国带来的打火机等产品。一家瑞士公司试探性地向冯定献订了一批温州制造的打火机。为了让客户满意,让他们信任"温州制造",冯定献严把质量关,第一批货的成本比计划高出了 20%。因为"懂得吃亏",这一单生意为他打开了一个新天地。站稳脚跟后,从法兰克福到杜塞尔多夫,从共享货源到为同乡提供进货担保,冯定献主动将自己贸易事业上的成功经验分享给德国的温州老乡,特别是温州华侨的餐饮业,已经形成了圈内竞争,冯定献帮助很多餐馆改行做"温州制造"的贸易,开设了很多"温州制造"的商行和贸易批发店。集结后的商店和贸易批发,好处明显。一是将温州产业链搬到了德国。二是从单打独斗变成集体作战。三是从产品制造到物流成本都大幅度降低。冯定献还做了两件事:一是牵线中德政府建成"德欧中心",将德国与浙江的产品连接起来;二是整合"卖世界"的营销网络。这两件事发挥了很好的集群效应。

温州眼镜行业组团出海也是优秀案例,眼镜也是温州非常有地方特色的产品。原来在国内无论多么偏远的地方,都有温州人的眼镜店。这些年,温州人将眼镜产业布局到海外网络。温州依托电商优势,制定了协会规划,构建全方位、多层次、复合型的互联互通网络,产品进入海外 30 多个国家,政府建立了眼镜电商园,通过资源整合、强强联手、优势互补、抱团发展,建成了瓯海眼镜小镇。

第四章 温州华侨经济面临的时代挑战

中国经济崛起,以美国为代表的一些国家,产生了危机感,就对我们采取了各种策略进行围堵、打压。不过,在世界这个经济共同体中,全球化趋势已成为不可逆转的事实,你中有我,我中有你,不可分离。人口红利消失,地缘政治凸显,房地产行业萎缩,这些问题对国内的消费、投资都产生很大影响。温州华侨在人口增长、跨区域贸易、孵化新的经济业态、引领进出口贸易等方面,有着重要意义。亚当·斯密在《国富论》中《重商主义的原理》一章中论述了对外贸易是如何富国的问题:"商人、贵族、乡绅们都知道,同外国进行贸易可以富国,但是对外贸易是如何富国的,他们却没有一个人清楚。商人们十分清楚怎么进行国外贸易让自己富裕起来,这本就是他们自己的事,但国外贸易如何让国家富起来,却不是他们关心的问题。"①

叶适等人提出"通商惠工,以国家之力扶持商贾,流通货币",并且详细叙述了这些原理是怎样让国民富裕,让国力增强的。温州华侨在"国家之力"的推动下,践行了财富积累的路径,也为温州经济的发展发挥了杠杆作用。温州华侨经济在快速发展的同时,也面临着一系列挑战。在百年世界大变局中,全球经济格局发生很大变化。过去,投资需求空间巨大,温州侨商只要有钱敢干,投资都有回报。经历了三十多年高强度大规模开发建设后,传统产业、房地产投资相对饱和,全球总需求不振,我国低成本比较优势也发生了转化。同时,多少年打拼出来的国际市场也受到挤压。温州以侨为特色的对外贸易经济迎来了新的机遇和挑战,高水平引进来、大规模走出去正在同步发生,人民币国际化程度明显提高,国际收支双顺差局面正在向收支基本平衡方向发展,基础设施互联互通和一些新技术、新产品、新业态、新商业模式的投资机会大量涌现。在全球化背景下,温州华侨经济面临着诸多挑战,这些挑战横跨经济、社会、政策、国际环境等多个维度,需要加以解决。

---

① 亚当·斯密. 全彩图解国富论[M]. 高格,编译. 长春:吉林文史出版社,2019:149-150.

第一节　全球经济格局变化带来的风险

1. 国际关系和地缘政治风险

当下中国正处于百年未有之大变局。俄乌战争、巴以冲突、中东战争等阴影笼罩，国际单边主义、贸易保护主义、经济霸凌主义等成为全球经济的动荡源和风险点，严重冲击影响产业链、供应链和价值链的全球化布局，国际贸易和跨境投资面临风险倍增。人工智能技术的快速崛起与新一轮科技革命，加速国际产业分工的重塑和产业链分工的细化，最大的改变是贸易形态的转变：服务贸易增速远超货物贸易，中间品贸易远超产成品贸易，产业链、供应链、价值链加速区域化、本土化整合。

2023 年，浙江生产总值跃上 6 万亿元台阶，人均收入向 6 万元攀升。温州作为我国东南沿海重要商贸城市和区域中心城市，正在向万亿 GDP、千亿级财政收入迈进，温州市政府提出了"城市空间形态向都市区经济、湾区经济提升发展，都市区协同融合、城乡融合发展进入全面加速期"。这些创造性的发展理念，也充分认识到了温州华侨经济在温州经济发展中的突出作用，建设了一批重大开放平台，比如世界（温州）华商综合发展试验区、自贸区温州联动创新区、温州综合保税区、中国（温州）跨境电子商务综合试验区等，这些平台的谋划就是在对国际市场的充分认识前提下，助力温州华侨经济应对全球化经济的复杂性，增强温州华侨经济的动力。但是国际关系的错综复杂，地缘政治凸显这些现象肯定不会短时间内消失，很长一段时间甚至长期存在，温州华侨应该提前研判，评估可能会给经济行为带来哪些难以预测的风险。在不同国家不同地区从事不同形式的经济行为，应该要有所准备，并有应对策略。

2. 全球经济波动

全球经济增长放缓、贸易保护主义抬头、金融市场波动对依赖出口导向的温州经济产生影响，华侨企业面临海外市场不确定性增大。2022 年俄乌战争爆发，西方国家从经济、金融、能源和科技领域全面封锁俄罗斯，更将俄罗斯踢出 SWIFT全球金融支付系统，中国作为俄罗斯和乌克兰最大的贸易伙伴国，在俄罗斯、乌克兰等地从事各行各业商贸的温州华侨深受影响。一方面，俄罗斯由于被制裁，各大港口及铁路通关效率降低，跨境物流多条线路运输滞缓，部分运输班列出现暂停现象；另一方面，出口企业外贸订单骤减，原材料大涨，外贸结算变动导致收汇风险大增。

俄罗斯的汇率波动给温州华侨从事的贸易造成很大的风险。2022年,按照正常汇率,一千万卢布兑换八十多万元人民币,到了年底,温州华侨货款收回来的是一百一十几万元人民币,就是兑换折算过来这么多,汇率波动收益远远超过平常贸易的利润额。再加俄乌战争爆发初始,卢布下跌后温州产品提价,提价以后俄罗斯还是按提价价格去采购。2022年,温州华侨说俄罗斯生意很好做,赚了很多钱。实际上生意没有什么变化,量基本保持2021年的水平。衡量一个公司的好坏看销售量有没有增长,而中俄贸易在利润上更主要是根据市场汇率来决定。这个市场本来只能卖一个亿的货,猛然增加到两个亿的货,产生了恶性竞争。2023年,很多人造成错觉,认为俄罗斯受欧美经济封锁后,国内采货量飙升,但是卢布又回到了七块多八块左右,很多人亏钱了。

司马迁在《史记·货殖列传》指出"贵上极则反贱,贱下极则反贵。贵出如粪土,贱取如珠玉"。① 这种理论是现代经济学中的价格理论,价格机制反映商品市场上产品的供求同价格之间的有机联系和运行,是通过价格与价值的背离及趋于一致的过程来发挥作用的;而价格与价值的背离即二者之间的差额以及趋于一致,都是由供求决定的。"贵上极则反贱,贱下极则反贵"的意思就是价格高时生产得多,导致供给增加,在需求变化不大时,价格就会下降;价格下降抑制了生产积极性,到一定程度供给会大量减少,在需求变化不大时,就会出现短缺,价格又会大幅上扬。汇率则脱离了价格与价值的内在关系,剧烈的波动给温州华侨经济造成很大影响。

很多华侨反映现在生意太难做了。在荷兰调研发现,温州侨胞在荷兰经营的餐馆正面临通货膨胀风险。荷兰中餐价格低廉、分量足、口味丰富,深受当地荷兰人喜爱。2022年,疫情解封,餐厅的菜品价格调整7%左右。餐厅的电费、燃气费增加了3倍,(俄乌战争刚爆发的时候)食用油价格最高的时候,差不多翻了一番,餐厅采购成本大幅上涨,增幅达30%—70%。鸭胸肉从8.9欧元/公斤涨到18欧元/公斤,涨幅超过一倍。还有羊排,从9.5欧/公斤涨到17.5欧/公斤。所以很多餐馆看上去很忙,利润却没有增加,像荷兰西安美食餐厅,顾客很多,由于成本增加,尤其是面条和油的价格翻倍,营业额增加了,利润反而减少了。德国、意大利、法国的情况和荷兰差不多。

---

① 司马迁.史记(卷一百二十九)[M].《武英殿二十四史》本:04.

全球地缘政治格局持续动荡,中东局势不断升温,国际油价持续下跌,美联储加息周期结束,美元指数回落,以及为抵制美元霸权的外溢效应,全球去"美元化"进程加速,全球中央银行购金需求旺盛,推动黄金价格上行。2023 年 12 月 6 日,国际市场上现货黄金价格飙升至每盎司 2144 美元,刷新 2023 年 5 月创下的历史高位。另外,世界黄金协会 2023 年 10 月 31 日发布的数据显示,第三季度全球中央银行净购黄金 337 吨,为有史以来第三高的季度净购金量。尽管未能打破 2022 年第三季度的纪录,但 2023 年年初至 10 月 31 日的中央银行购金需求已达 800 吨,创下了协会有该项数据统计以来的最新纪录。美联储释放"鸽派"信号,中东局势紧张加剧避险情绪,叠加中央银行购金支撑,带动金价上涨。未来,如果地缘政治持续动荡甚至危机加剧、股市进入"熊市"阶段、经济衰退风险再次上升,或者债券收益率和美元见顶等情况出现,黄金价格和汇率波动将会更大,石油、天然气等能源战将会进一步升级。

南美华侨也深刻体会到汇率波动的风险。2022 年 3 月美联储实施加息,开启对世界各国的财富收割。巴西这几年与中国关系密切,汇率还是保持了相对稳定。为了抑制通胀,自 2021 年 3 月开始,巴西央行连续加息 12 次以对抗通胀,最高年基准利率达到 13.75%。这期间巴西利率始终远高于美元利率,因而本轮美元加息时,对于巴西的资本外逃现象并非十分严重,巴西汇率对于美元而言,在巴西加息期间基本保持缓慢升值。2023 年 8 月,巴西央行开始进入降息阶段,当前基准利率为 10.75%,还是高于美元利率。进入降息阶段后,巴西汇率对美元呈现贬值,但到目前为止,从最高的 1 美元兑 4.7 巴西雷亚尔到现在的 1 美元兑 5.2 巴西雷亚尔,贬值幅度接近 10%。这个贬值幅度相对世界其他国家而言还是较为平和的,这主要还是因为目前巴西利率依然高于美元利率,对于美元的回流有一定的阻止。同时,由于巴西与中国有货币互换协定,在巴西需要偿还美元债务时,是可以使用人民币来进行偿还外债的。但是 25 年前的巴西金融危机,至今让人记忆深刻。受 1998 年俄罗斯金融危机的冲击,巴西的股市和汇市多次发生动荡,引起巴西资本大量外流,严重打击了巴西经济,并导致巴西外汇储备急剧减少。1999 年 1 月 13 日,巴西作为拉丁美洲第一经济大国,宣布对本国货币雷亚尔实行贬值,并任命费朗西斯科·洛佩斯为中央银行新行长。此举致使拉美各国以及世界其他地区的股市发生动荡,货币危机发展成为一场全面的金融危机,饱受巴西金融动荡(在当地被称为"桑巴效应")惊吓的投资者纷纷逃离拉美新市场,致使拉美各国以及世界其他地区的股市发生动荡。

南美另一个国家阿根廷则出现了极端现象,2023 年,阿根廷前 10 个月累计通胀率达 120%,阿根廷中央银行预计 2023 年该国通胀率将达 185%。截至 2023 年 12 月 16 日,阿根廷 11 个省先后宣布进入经济紧急状态。为了缓解阿根廷当前面临的严重国内通胀压力和货币贬值压力,12 月 12 日,阿根廷新政府将把阿根廷比索官方汇率从 1 美元兑换约 400 阿根廷比索贬值至 1 美元兑换 800 阿根廷比索。

欧元、美元、日元等与人民币之间的汇率波动加剧,必将时刻影响温州侨商的贸易风险。十五年前,华为就在全球布局,两三万员工中非中国雇员有四千。联想全球员工三万人,外籍员工五千人。同样,温州经济体中既有青山控股、正泰、鑫尔泰这样的企业在海外布局,也有大量的温州侨商奔波世界各地。温州侨商与全世界 130 个国家和地区的经济共振,汇率的波动加剧了温州华侨商贸的风险系数。从"一带一路"到欧美政治经济的风雨兼程,国际市场经济和金融体系风云变幻,各国对外商投资、贸易等方面的政策法规不断调整,严峻考验温州华侨经济的经济抗风险能力。

3. 人口红利消失

人口红利是经济学上的概念,传统意义上是指提高劳动人口在总人口中的比重所带来的收益。人是生产者,也是消费者。人是需求,也是供给。在市场经济中,生产要素的价格由供求关系决定,与产品市场相似,要素市场也是由供求双方组成,由供求双方决定价格,并由供求双方共同决定要素的有效配置。人口数量的增减对要素市场的供需影响很大,2024 年 3 月,华盛顿大学医学院健康指标与评估研究所(IHME)在《柳叶刀》发表了研究论文,从 1950 年到 2021 年的生育数据综合研判未来全球、地区和国家生育率变化趋势。在这项研究中,研究团队预测中国 2021 年的总和生育率(TFR)为 1.23,预测这一数字在 2050 年和 2100 年将分别为 1.14 和 1.16,中国 2021 年健康出生的人数为 1074 万,预测这一数字在 2050 年和 2100 年将分别为 636 万和 210 万[1]。而据该团队此前发布的预测数据,中国人口将从现在的 14 亿降至 2100 年的 7.3 亿。这也意味着,如果不采取措施,人口数量的持续减少将对未来中国经济和社会产生巨大影响。

2023 年,我国总人口减少了 208 万。全年出生人口 902 万,人口出生率 6.39‰,死亡人口 1110 万,人口死亡率为 7.87‰,人口自然增长率为 -1.48‰,是

---

[1] Global Fertility in 204 Countries and Territories, 1950-2021, with Forecasts to 2100: a Comprehensive Demographic Analysis for the Global Burden of Disease Study 2021.

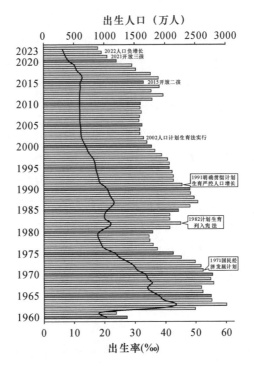

出生人口（万人）

2023年负增长
2021开放三孩
2015开放二孩
2002人口计划生育法实行
1991明确贯彻计划生育严控人口增长
1982计划生育列入宪法
1971国民经济发展计划

出生率(‰)

中国出生人口和出生率(1960—2023 年)

自 1962 年以来全国人口首次出现负增长。温州出生人数也是断崖式下降。2018
年,温州新生儿 10.6 万人,到了 2023 年,减少到 5.29 万人。2022 年,温州各县市
区优质幼儿园爆满,2023 年,温州学前适龄儿童人数骤减,个别城区幼儿园竟然没
有招满计划数,多家民办幼儿园关门。

表 2　温州近年新生育儿数

时间(年)	数量(万人)
2023	5.29
2022	5.8
2021	6.5
2020	7.1
2019	9.8
2018	10.6

人口红利对国家经济发展至关重要,意味着国家有充足的劳动力来支撑经济的高储蓄、高投资和高增长状态。一般认为,20 岁到 60 岁的人口是社会核心劳动力。人口结构趋向老龄化,意味着核心劳动力会逐渐减少,而另一部分还太小,无法承担社会责任。人口结构的变化也将深刻影响要素市场。当人口红利消失时,国家可能会面临经济增长趋势的变化,以及潜在增长率的放缓。此外,人口红利消失还可能导致社会问题,如养老金制度的可持续性问题,可能引发人口负增长,加快社会老龄化问题,显然,对经济的持续发展甚至社会稳定都会产生不容忽视的问题。

美国经济学家莫迪利安尼提出了"生命周期假定"理论,认为消费者之所以储蓄,主要是为了老年消费的需要。这种理论提出了影响社会经济储蓄率的一些不确定因素,其中人口年龄结构是决定消费和储蓄行为的主要因素。人口红利的渐渐消失势必影响生命周期中的消费因素,一边是年轻者占比越来越低,一边是老龄者占比越来越高,形成消费的倒挂。

人口结构上逐渐趋向老龄化,将很大程度上影响居民消费率水平。经济学上认为要素的价格存在三个作用,一是给生产者提供要素市场稀缺性的信息,二是调节生产要素的供求关系,三是引导生产要素的流向。人口数量的减少将直接影响产品需求放缓。意味着社会经济增长的减缓,甚至衰退。根据温州市统计局发布的数据,2023 年全市财政总收入 1025.9 亿元,年末金融机构本外币存款余额21948 亿元,年末住户本外币存款余额 13177 亿元,城镇居民人均可支配收入77973 元,农村居民人均可支配收入 41622 元。从全省各地市发布的 2023 年存款数据可知,杭州市的住户存款总额达到 23431 亿,位居浙江省榜首。宁波市第二,14375.85 亿,温州市 13176.68 亿位列第三。日本 65 岁以上的人口超过 15% 以后,出现在发达国家群体中储蓄率最高的现象。温州市以民营经济起家,居民有着创业的传统,人均住户存款相对处于低位,位列全省第七。

预计 2040 年,中国 65 周岁年龄人员占比将接近 20%,这对很多行业的影响是巨大的,特别是很多消费类产业,促使很多行业进行调整。国家统计局数据显示,2023 年,包括各类乐器制造在内的全国规模以上文化装备生产企业营收为 6282亿元,同比下降 2.6%。国内钢琴行业龙头海伦钢琴 2023 年亏损 7885 万元,珠江钢琴 2023 年净利润 587.9 万元,同比下降 95.23%。国内多家奶粉企业营收缩水,医疗保健等很多产业将面临挑战。过去十年,教师资格证考试报名人数从 17.2 万飙升至 1144.2 万,而出生人口却从 1600 万降至 900 万。学生数量逐步减少,这将影响温州接下来的校网布局调整以及规划中的新建学校建设,也要及时谋划。教师行业也即将迎来史上最卷的时期。

海外 70 后、80 后温州华侨,没有计划生育政策限制,相反,多数华侨带着深厚的儒家思想,相信"人丁两旺",孩子三个四个的很正常。温州华侨人口红利还在增长,这在我国人口结构上、趋向老龄化和出生人口下降的情况下,不能不说是喜讯,将给未来华侨经济带来系列的影响。

4.移民政策变化及所在国治安环境

部分国家由于政治的不确定性,对温州华侨海外投资有很大影响。1994 年,温州作家陈河前往阿尔巴尼亚从事药品生意,亲身经历了一系列动荡,包括地拉那骚乱和中国撤侨行动。在他的小说《去斯可比之路》和《红白黑》中,我们可以深切体会当地治安环境给温州华侨带来的风险。非洲有些国家在政局稳定、政策连续性方面有不好的记录。例如,2011 年,埃及爆发 1·25 革命,推翻了穆巴拉克 30 年的政权,埃及政局陷入动荡,中埃·泰达苏伊士经贸区里的中国人员企业停工停产,这是因为 2016 年埃塞俄比亚发生内乱,中国投资建设的东方工业园停产。2017 年 3 月 31 日,南非总统祖马突然宣布改组内阁,撤换多名部长,在南非多地爆发抗议游行,温州华侨在南非集中在约翰内斯堡唐人街附近,他们的贸易市场也受到了冲击。

新移民的到来与原住民形成抢食关系,人地关系紧张在一些国家会引发排华情绪。1985 年,荷兰"排华"政党上台,煽动民众仇恨中国人,很多媒体宣传华侨开设的餐馆肮脏、不卫生,还诬蔑中国餐馆卖狗肉。原因就是温州华侨开设的餐馆对荷兰本土饮食业造成冲击,就想着法子要赶走华人华侨。温州侨领潘世锦回忆,当时他的餐馆受到很大冲击,餐馆客人跑光了,都关门了。即使餐馆关门,也还有人投诉他们,甚至还有荷兰人在餐厅门口抗议,要赶中国人出去。排华运动持续了三个月,在各方努力和大使馆的斡旋下,渐渐平静。但华侨的餐馆再次开业,原先顾客群一下子消失不见,生意骤然下降。虽然这件事已经过去四十年,但对于老一代旅荷华侨,都是永远不会忘记的前车之鉴。

我们在肯尼亚跟随温州华侨去政府机构审批,办理手续,当地政府效率很低,并且随意性强,官员权力大。当地的工会、教会、非政府组织势力强大,要办厂寻租,得疏通不少关系。俄罗斯营商环境也很差,那边是寡头经济,不是自由平等竞争的关系。比如说温州华侨集中的莫斯科留布利诺市场,它是俄罗斯最大的房地产开发商基辅集团老板开的,旗下有乌克兰大酒店、留布利诺市场、萨达沃市场。像这种寡头生意,要交多少税,多少管理费,全部由他们决定,而不是政府部门决定。在俄罗斯做生意,想要公平竞争是没有的,政府制定的政令,下面执行力度非常差。

在非洲、南美、欧洲等国,持枪证件容易获得,抢劫行为时有发生,华侨被抢的概率非常高。温州华侨在海外遭遇抢劫、偷盗案例时有发生。巴黎共有 20 个街区,美丽城是与巴黎 10 区、11 区、19 区、20 区四个区接壤的街区,也是华人、阿拉伯人、非洲人和东欧国家移民比较多的地区。美丽城与巴黎 13 区并列为法国两大华人居住区,这里连很多广告牌都是中文,是巴黎最有中国气息的地区之一。不过这里治安环境很差,时常有抢劫、盗窃事件发生,2010 年 6 月,温州华侨在美丽城酒楼举办婚宴,竟然有匪徒在宴会上公然抢劫。6 月 20 日,旅法温籍侨领王加清等人组织 35000 名旅法华侨华人,在巴黎成功地举行了"反暴力,要安全"维权游行,这是法国华侨历史上规模最大的一次维权大游行,也是欧美各国华侨历史上规模最大的一次维权大游行。

第二节　经济转型升级中的冲突

1. 产业升级提出新挑战

2023 年 12 月的中央经济工作会议亮点突出两个方面:一是基调总体积极,后续关注总量政策能否跟上。二是科技创新凸显科技创新的重要性,且在科技、消费的细分领域上重点支持数字经济、低空经济、商业航天和生物制造领域。高技术产业作为未来发展的战略支点,增速加快说明了温州华侨经济的新变化以及对华侨圈人员结构的调整提出新命题,海外华侨商业业态尚缺高技术人才、专业技术人才、国际化人才和创新人才,这些问题逐渐凸显,对温州华侨经济的发展产生重要影响。

国内外环保法规趋严,对传统产业如纺织、皮革、化工提出更高要求,需环保升级,增加成本压力。传统产业竞争加剧,低成本优势减弱,需向高技术、品牌、设计、创新转型,但转型不易,技术、人才、资金、研发能力是瓶颈。"经济发展最终会促进更大范围的境况平等,因为它需要大量受过教育的劳动力。"①随着全球化进程和

---

① 弗朗西斯·福山.历史的终结和最后的人[M].陈高华,译.桂林:广西师范大学出版社,2014:133.

经济体扩大,开放型经济新常态下国内和海外的资源流动更加频繁,海外经济与文化的交融并进,国内外竞争加剧,科技不断发展,高技术产业对海外资本的吸引力也与日俱增。"技术革新和高度复杂的劳动分工,使经济的各个层面对技术知识的要求大大增加,因此在人员需求上——直白点说——会想的高过会做的。""现代经济生产更多的信息内容体现在如下情形中:从事传统的制造业的人越来越少,而在服务部门工作的人——专业人员,经理,办公人员,从事贸易,营销和金融的人员,以及政府职员和医务人员——越来越多。"[1]

经济转型升级会淘汰部分跟不上发展形势的企业和产业,也会促进一些产业的升级。就连传统的餐饮行业,一段时间日本餐因为便捷、干净、具备模式化等特点,很快占领了欧洲餐饮市场,对温州华侨的餐饮业造成很大冲击。欧洲人对食物的态度非常严谨,对食材和烹饪方法的要求很高,注重餐馆细节,日本饮食文化对中餐馆提出了挑战,在比较冲突中,温州华侨也很快意识到自己的不足,意大利撒丁岛上做餐馆的杨正彬、詹德山说,国内很多餐馆与意大利餐馆、日本餐馆细节上距离大,在意大利经营餐馆,他们已有二十多年经验,也是在不断寻找差距,寻找变化,比如现在到他们的餐馆,与当初的管理水准已完全不是一个档次。最近,欧洲饮食文化崛起新现象,在德国、法国、意大利火锅生意很火爆。德国杜塞尔多夫的小龙坎火锅店,总代理是温州人,其人均价 50 欧元一位。法国巴黎的小龙坎总代理是瓯海人胡镜平,其生意火爆。意大利楠火锅总代理也是温州瑞安年轻华侨。四川火锅国际化,这是温州人发现的商机,他们迅速在海外各地布局,成为饮食界新宠儿。

2. 内外缺乏有效的沟通和链接

温州华侨以抱团形式构建了连接世界的信息网、资金网、供销网和乡情网,增强了产业链、供应链的韧性。不少华侨是团队作战,上下游一条链,形成从生产—供应—销售的闭环式贸易,既增加了商业的稳定性和安全性,也利于商业圈的拓展。温州市政府这些年以进出口贸易为基点,以侨为服务对象,做了许多有意义的建设。2020 年在印度尼西亚总投资 7000 万美元建设纬达贝工业园。在克罗地亚的里耶卡港和罗马尼亚康斯坦萨港建设保税物流配送设施,在塞尔维亚建设贝尔麦克商贸物流园,形成对东南欧地区较为完整、快速、便捷的物流配送体系。但是

---

① 弗朗西斯·福山.历史的终结和最后的人[M].陈高华,译.桂林:广西师范大学出版社,2014:112.

目前市政府建成的 22 家温州海外仓和温州侨商经营的 62 个海外仓,仓储基地分布松散,"仓主"没有建立通畅的信息网络,这边的侨商企业急需海外仓,那边的海外仓找不到货源,造成"跷跷板效应"。还有对华商华侨的研究还缺少真正有针对性的研究报告,在调研过程中,我们发现存在资源利用不足,对重点侨商侨领缺乏系统把握和情感链接,对海外新生代回归创业创新感召力不强等问题。新招引的侨资制造业项目中,能级不高,缺乏标杆性项目与行业龙头项目。像阿联酋国家,近年来经济态势非常好,迪拜自贸港年日用消费品交易 6000 多亿美元,华人华侨占据了近一半的商业销售,从产业链的前端到终端全过程,温州侨商有 3 万多人,是这个贸易行业的核心商圈,一些迪拜温商有总部回归意愿,但目前温州市政府还没有主动出击。马来西亚温籍侨领有意在温州对接 RCEP 中国—马来西亚"两国双园"项目,也尚未找到部门接应。对华商华侨企业性质认定、资源要素(如土地)保障、税收优惠等,温州市政府还没有相应的配套措施,无法吸引广大华商华侨积极参与先行区建设。像政府项目全球商品贸易港、侨贸小镇,基础设施建好了,但缺乏凝聚力,聚不了人气,造成温州优质侨商的流失。到重庆自由贸易区、厦门自由贸易港、宁波的中国—中东欧国家经贸示范区考察,看到不少温州侨商身影。一些温州侨商反映,在温州投资的个别项目,缺少政策延续性,因人而投,因人而建,前任领导引进项目,后任领导认为不是自己的事,对周边侨商群体产生负面效应。还有一些华侨出现侨资"不敢投、不会投"的问题,大量侨资闲置在银行。这些问题需要深入研究分析,并逐步予以解决。

第三节　跨国文化的差异性

黑格尔在《历史的哲学》书中说:"平凡的土地、平凡的平原把人类束缚在土壤上,把他卷入无穷的依赖性里边,但是大海却挟着人类超越了那些思想和行动的有限的圈子。"受地域影响,永嘉学派事功学说以及多元的温州文化对温州华侨在海外创业影响很大。海洋文化的包容、冒险特征,又帮助温州华侨更好地去适应新的环境,接受新的事物,能够更好地融入所在地。尽管在本土文化与异国文化的相互交融中,温州华侨华人具备很大程度的包容性和主动适应性,但是文化与文化的相互影响不是超距作用,异质的文化首先要改造了才能接受为自己的内容,这种改造,不仅对接受者而言,对给予者而言亦然。跨国经营中的文化差异,对法律法规理解不足,影响海外运营效率,也不可避免地造成许多冲突。

温州华侨原来很引以为豪的观点,就是我们的勤劳和拼搏精神,5+2,白加黑,这是温州华侨常见的干活形式。在那边做生意,欧洲人休息日不做,温州华侨做,晚上欧洲人不做,温州华侨做。意大利人早上 8:00 不出门,9:00 不开店,晚上 5:00 就回家了。温州华侨的生活传统对所在居住国长期的生活规律和节奏造成了冲击,甚至是破坏。像 1985 年荷兰政府的排华运动,与文化差异也有着密切关系。西班牙马拉加部分年轻的侨领想重新恢复周六、周日市场关门不做生意的作息方式,但经过这么多年的习惯,连西班牙人也习惯了周六周日来批发商品,改变这种内卷,已是徒劳。欧洲的文化是什么,我们怎么样去融入他这个地方,他的政策对我们有没有什么风险,他的法律对侨商有没有什么风险?这些跨国文化的差异在一定时候就形成了冲突。

这种差异化的冲突,印尼最典型。华人在印尼的环境并不好,很多在印尼的温州华侨,一直受印尼政府排斥,被边缘化。由于苏哈托政权下的长期个人专制,使印尼文化更具有封闭性,并逐渐形成了一元文化。一元文化的最大特点是由政府垄断文化适应的所有手段,强迫另一种文化彻底改变和放弃自己的特征,以适应印尼文化。从 1957 年起,印尼政府就开始改变文化政策,逐步实施限制华人教育发展的政策,苏哈托政府上台后,加快实施民族同化政策,从 1966 年起,政府陆续下达旨在消灭中华文化的各种条例法规,包括关闭所有中文学校、侨团、报刊,禁止进口和发行中文录音(像)带、影片以及报刊书籍,禁止讲华语,凡是有关中国的习俗只能在家里举行,禁止悬挂中文招牌广告。现在虽然有不少改变,但黏合度还是远远不够。我们需要深刻反思这些事件中的文化认同和文化融合问题。温州华侨在外面怎么样保护好我们的人身安全问题,怎么样保护我们的产业,值得我们深入研究。温商遇到的问题,也是浙商更是华商遇到的问题。

早期出国的温州华侨身上有着浓厚的"落叶归根"意识,故土情怀是他们血液里奔腾的文化之根。不像海外印度、日本人,四海为家,漂泊天涯。文化是一种内在的传统,它融合在人们的血液中,深入到人们的骨髓中,人们的思想、观念、行为、习惯、风俗、趣味以及生产、耕作、交往等等全都是文化,人本身是文化的载体,是传统的承载者,文化的认同与适应实际上是不可能一朝一夕得到解决的。且文化是一种意识,一种潜在的存在,就像灰尘散布在空气中,能嗅得出,却抓不住,它在无形中影响着人们的思想和行为。故土情怀是人类的普遍心理现象,温州华侨华人文化渊源于中华文化,对根的认同和文化源流关系、亲近关系,必然使二者藕断丝连。

温州华侨华人文化的母体是中华文化,华侨华人文化也带有强烈的民族特性。与之相适应的是华人文化与母体文化一样,也具有深刻的自我批判精神,并使它具有文化上的自我超越和自我发展的能力。在全球经济一体化趋势下,各民族文化彼此影响,相互渗透。文化移植过程中,不同文化不免会发生碰撞,需要调适和接纳的过程。如果双方都不愿做出反应,对对方的文化采取排斥的态度,冲突便不可避免。

没有文化认同的政治认同是不完善的,它潜伏着深刻的危机。即使这样,同化政策的结果改变了一些华人的文化,却改变不了华人的肤色。印尼30多年的"同化"结果却是同而不化,缺乏教育的民众一经煽动便能迅速暴动,将华人和华人企业一起打击,而这时,哪管是否完全同化,只要留有华人的肤色特征,便难免遭厄运。再比如在非洲的华侨,非洲本身教育薄弱,很多华侨在非洲创业不像欧洲,短期功利特征更加明显,在非洲"打持久战"的极少。"缺乏打造百年老店的长远战略,总想着摆脱当地政策约束将增值的资本、利润带回国内,因此即使有所获利也不能算是成功的投资。"①

还有一点,就是一些侨二代侨三代在国内时间不多,还有不少从出生到成长一直在海外,对故土的情怀自然会淡化,甚至已经完全与所在地同化。对祖籍国情感、文化认同可能淡薄,回乡投资意愿、参与家乡建设不如前辈。需要我们培养情感纽带,创新交流机制。

---

① 许蔓,姚桂梅."一带一路"建设下的中非产能合作:成效、问题与前景[C]// 舒运国,张忠祥,刘伟才.非洲经济评论(2017).上海:上海三联书店,2018:8.

第五章　在弥纶通变中突破和创生

海外华侨史是一部血泪史,也是一部奋斗史。华侨的命运与国家共振,荣辱与共。温州华侨经济曲线图,紧贴中国经济发展脉络。近年来即使有逆全球化的趋势,但全球贸易其实从未停滞。模式在转变,市场在迭代。新丝绸之路新航海时代中,"一带一路"共建国家33亿人口,工业化、消费需求的市场空间无比广阔。纵观温州华侨经济业态变化,从民国初期华侨在日本卖洋伞,到在海外办跨国公司,经营跨国贸易和海外布局新兴经济体基建消费、制造业产能,皆不乏温州侨商身影。百年历程,众多华侨可谓筚路蓝缕以启山林。

温州人先天具有商业冒险基因,敢于深入蛮荒之地。世界各地都有不少温州华侨商业圈,很多人提起安哥拉就会联想到安哥拉病毒,提起卢旺达就会想起种族屠杀,提起利比亚就会联想到疟疾。实际上早在二十年前,安哥拉、卢旺达、利比亚、坦桑尼亚等国家就有温州华侨种植剑麻,建房子,造公路、桥梁、水库,做农产品、水果、助动车、轻工业贸易。叶适曾指出:"迫于不可止,动于不能已,强有加于弱,小有屈于大,不知其然而然者,是之谓势。"温州凭借民营经济异军突起的先发优势,在中国经济版图上表现亮眼。温州侨商秉承永嘉学派"敢为人先、义利并举、弥纶通变"的精神,以独特的商业敏锐度搏击海外市场,创造的经济价值呈几何倍数增长。

第一节　在弥纶通变中书写新《货殖列传》

司马迁的《史记》第129卷《货殖列传》专门论述了从春秋末年到汉武帝年间的社会经济史。司马迁为春秋末期至秦汉以来的大货殖家,如范蠡、子贡、白圭、猗顿、卓氏、程郑、孔氏、师氏、任氏等立传,介绍他们的言论、事迹、社会经济地位,以及他们所处的时代、重要经济地区的特产商品、有名的商业城市和商业活动、各地的生产情况和社会经济发展的特点,叙述他们的致富之道,表述自己的经济思想,以便"后世得以观择"。"农不出则乏其食,工不出则乏其事,商不出则三宝绝,虞不出则财匮少。"司马迁从现代经济学的角度阐述社会经济的发展不以人的意志为转移,自然界的物产极其丰富,商业发展和经济都市的出现是自然趋势。追求财富是人的天性使然。司马迁反对"重本抑末",主张农工商虞并重,强调工商活动对社会发展的积极作用,国家不应与民争利,而应该注意社会的经济生活,充分认识生产交易和物质财富的重要性,根据实际情况,制定规则和制度,引导商人自由发展,积极进行生产与交换。司马迁的这些观点,与永嘉学派事功学说的观点非常相似。应该说,《货殖列传》这一章节序言和结尾的这些言论,肯定给了叶适等人很多启发,或者说,两者具有异曲同工之妙。

《货殖列传》序言道:"待农而食之,虞而出之,工而成之,商而通之。此宁有政教发征期会哉?人各任其能,竭其力,以得所欲。故物贱之征贵,贵之征贱,各劝其业,乐其事,若水之趋下,日夜无休时,不召而自来,不求而民出之。"

地域不同,物产不同。商贸的意义在于促进货物的流通,以满足不同需求。《史记》中的很多故事,可以用来验证温州华侨的创业特点。越王勾践亡国之后,困于会稽山,遇见了计然和范蠡,计然是晋国亡公子,姓辛,字文子,曾经南游越国,范蠡拜他做老师。计然向勾践献策:"末病则财不出,农病则草不辟矣。上不过八十,下不减三十,则农末俱利,平粜齐物,关市不乏,治国之道也。积著之理,务完物,无息币。以物相贸易,腐败而食之货勿留,无敢居贵。论其有余不足,则知贵贱。贵上极则反贱,贱下极则反贵。贵出如粪土,贱取如珠玉。财币欲其行如流水。"①

仅一百字左右,计然已经深入浅出阐述了商业哲学。范蠡协助越王洗雪了会稽之耻,灭了夫差,就劝文种一起离开越国。可惜的是文种并未听取他的劝告,最终丢了性命。范蠡当时离开越国时说:"计然的策略有七条,越国只用了其中五条,就实现了雪耻的愿望。既然施用于治国很有效,我把它用于治家,岂不更好?"于是,他改名换姓,到齐国改名叫鸱夷子皮,到了陶邑改名叫朱公。朱公认为陶邑居于天下中心,与各地诸侯国四通八达,交流货物十分便利。于是就治理产业,囤积居奇,就是运用当代期货理论,贵出贱取,做贸易十九年,他获取的财富确实是"财币欲其行如流水"。而对于一个谋天下的人,积累财富只是他验证自己的智慧,或者说知行合一的实证而已,他是得千金而散尽千金,深得世人赞誉,陶朱公的美名世代流传。

司马迁在《货殖列传》这一章节,还讲述了孔子学生子赣(子贡)和白圭商贾之

①　司马迁.史记(卷一百二十九)[M].《武英殿二十四史》本:03-04.

事,他们的商贸之道,与计然、范蠡异曲同工。

> 子赣既学于仲尼,退而仕于卫,废著鬻财于曹、鲁之间。七十子之徒,赐最为饶益。原宪不厌糟糠,匿于穷巷。子贡结驷连骑,束帛之币以聘享诸侯,所至,国君无不分庭与之抗礼。夫使孔子名布扬于天下者,子贡先后之也。此所谓得势而益彰者乎?

> 白圭,周人也。当魏文侯时,李克务尽地力,而白圭乐观时变,故人弃我取,人取我与。夫岁孰取谷,予之丝漆;茧出取帛絮,予之食。太阴在卯,穰;明岁衰恶。至午,旱;明岁美。至酉,穰;明岁衰恶。至子,大旱;明岁美,有水。至卯,积著率岁倍。欲长钱,取下谷;长石斗,取上种。能薄饮食,忍嗜欲,节衣服,与用事僮仆同苦乐,趋时若猛兽挚鸟之发。故曰:"吾治生产,犹伊尹、吕尚之谋,孙吴用兵,商鞅行法是也。是故其智不足与权变,勇不足以决断,仁不能以取予,强不能有所守,虽欲学吾术,终不告之矣。"盖天下言治生祖白圭。白圭其有所试矣,能试有所长,非苟而已也。[①]

《货殖列传》道:"故善者因之,其次利道之,其次教诲之,其次整齐之,最下者与之争",这是司马迁在《货殖列传》结尾做出的论述。他说神农氏以前的情况,我不了解。至于像《诗》《书》所述虞舜、夏朝以来的情况则是人们耳目总要听到最好听,看到最好看的,口胃总想尝遍各种肉类的美味,身体安于舒适快乐的环境,心中又夸耀有权势、有才干的光荣。统治者让这种风气浸染百姓,已经很久了,即使用老子的这些妙论挨门逐户地去劝说开导,终不能感化谁。所以,最好的办法是听其自然,其次是随势引导,其次是加以教诲,再次是制定规章制度加以约束,最坏的做法是与民争利。

司马迁在几千年前提出的经济学原理,深刻影响了后人,叶适作为永嘉学派的集大成者,他的学术思想与司马迁在《货殖列传》的思想做比较,我们发现,事功学说蕴藏的精神内核在《货殖列传》里已经有了很大程度的体现,两者从理论到商业大咖的实践有着许多共通性。温州华侨的创业之路是事功思想的生动实践,某种意义上说,温州走出的许多优秀华侨也是另一种版本的"货殖列传"。叶适曾对永嘉学派的相关学说作了梳理。

> 昔周恭叔首闻程、吕氏微言,始放新经、黜旧疏,挈其侪伦,退而自求,视千

---

① 司马迁.史记(卷一百二十九)[M].《武英殿二十四史》本:04-05.

载之已绝,俨然如醉忽醒,梦方觉也,颓益衰歇。而郑景望出,明见天理,神畅气怡,笃信固守,言与行应,而后知今人之心可即于古人之心矣。故永嘉之学必兢省以御物欲者,周作于前而郑承于后也。

薛士隆愤发昭旷,独究体统,兴王远大之制,叔末寡陋之术,不随毁誉,必摭故实,如有用我,疗复之方安在。至陈君举,尤号精密,民病某政,国厌某法,铢称镒数,各到根穴,而后知古人之治可措于今人之治矣。故永嘉之学必弥纶以通世变者,薛经其始而陈纬其终也。

关于"永嘉之学",叶适概括出两条线索:一是从周行己到郑伯熊,其特点为"兢省以御物欲";二是从薛季宣到陈傅良,其特点是"弥纶以通世变"。温州先民具有先天性的开拓创新精神,也有海洋文化中的冒险和包容。变与通是哲学上辩证而统一的关系,与温州华侨经济的曲折向上之路紧密关联。"变"是宇宙运动变化的普遍性和永恒性。"通"是运动变化的连续性和事物之间的关联性。《周易·系辞下》中说"穷则变,变则通,通则久",变与通的归途是为了久远。从宋元时期温州富民之路到明清时期温州商工鼎盛,从20世纪80年代初期温州模式响遍中国到美国次贷危机后温州商人的涅槃之路,无不彰显"弥纶通变"之于温州经济潮流的进阶意义。

温州华侨童洪建是瓯海海外青联会主席,青联会有海外华侨青年100人,平均年龄35周岁,遍布15个国家,从事餐饮、服装、皮革、国际贸易等行业。童洪建适时而动,利用侨商资源,带动贸易回归,带头组建1200平方米的侨尚荟·丽岙侨乡贸易回归基地,打造温州人家门口的"海淘",6家出口贸易公司、13家进口贸易公司成为首批入驻商户,消费者可以在这里选购27个国家和地区的进口商品。二期1200平方米基地辅助"线上线下"同步运营,全方位格局占领市场。他将自己在意大利的创业之路归结为"两个百万"。第一个"百万"是指最初在那不勒斯开车运货,车程达到一百万公里;第二个"百万"是中意来来回回的飞行里程达到一百万公里。这两个"百万"是童洪建的弥纶通变之路,不断地奔波不断地顺势改变创业方向。创业初期,一天连续工作12小时是常态,积累了一定血汗钱后转型做小商品贸易。为了节省工资,从集装箱到那不勒斯仓库,亲自上阵卸货到仓库。由于语言不通,遇到了种种生意困难和不便,更遭到意大利人的故意为难。像童洪建这样白天当老板,晚上睡地板的温州华侨,不是个例,而是群像。

温州很多华侨出国谋生,缺少原始资本,从事小商小贩,或在大街小巷"卖散"

（就是摆地摊，在街上兜售小商品），有了些钱，开了批发店、零售店、餐馆。坦桑尼亚浙江商会首届会长胡先生的非洲贸易之路颇为传奇。1999 年，胡先生到义乌开外贸公司，将温州鞋集装箱运往国外。2004 年去非洲向客户催货款，发现坦桑尼亚经济发展很快，轻工业有很大市场，他便用催回的货款在坦桑尼亚做生意。二十年前的非洲，温州华侨还是很少，胡先生又是没有任何准备留在当地做生意，一切从零开始。人生地不熟，坦桑尼亚语叫斯瓦希里语，要做贸易，先要学语言。胡先生在客户帮助下，找了一个大学生既帮忙做生意，更主要教他学语言，他则教大学生学汉语。虽然坦桑尼亚经济在逐步上升，速度很快，但是治安还是很乱。当地的华侨人数也不多，2009 年，在他努力下，成立坦桑尼亚浙江商会，既是自保，也是互助。2009 年义乌市政府到非洲招商引资，提供免租三年的政策被召回来了。由于两头难以同时兼顾，便将非洲的生意撤回国内。

温州这块吴越宝地，得先贤之基因，深谙变通之道。深入不毛之地建设大坝水库，到莽荒之地开垦种植剑麻、咖啡、林木，运送建筑材料到海外建设工厂，无不彰显温州人的海洋性精神。变通则图存，温州华侨华人四海闯荡，拥抱世界，这一点既应和了事功学说，也是温州华侨在陌生境遇中求生存谋发展的法宝。叶适的"弥纶通变"与《周易》变通哲学一脉相承，深切贯通在温州华侨的文化基因和血脉中。

第二节　事功学说的继承和创新

全球化的历史进程不可回避，它对各国经济社会的发展产生了重要的影响。温州华侨华人经济体也不例外，需要培养和建构新型人才，以适应全球化背景下的市场需求和经济变革。周其仁教授在海外调研报告中指出：以前的经济学把人的能力称为劳动，金钱和设备称为资本，后来经济学开始纠正这个概念，资本，包括人力资源和非人力资源，只要能够带来未来收入流的资源，都是具有市场价值的资本。很显然，人是能够带来未来收入的重要资源，人的能力是一种资本，叫人力资本，它包括健康、文化程度、责任心、创造性和技术能力等等。这种依附在人身上的能力是经济发展当中最重要的力量，没有这股力量，只有物质资本，无论是国有资本还是私人资本都无法创造财富。

1. 人力资本助推温州华侨经济

人力资本是指一个国家或地区的劳动力所拥有的知识、技能和能力的总和。它是劳动力的一种重要投资，远超过物质资本和自然资源的重要性。人力资本是社会经济发展的基础,拥有优秀的人才,能够提高创新活动的效率和质量,更对提高劳动生产效率起着关键的作用。温州华侨经济的发展需要物质资本和自然资源,更需要高素质的人才来运作和管理。

《弘治温州府志》中的《陈傅良传》记载:"授徒仙岩,四方景从。"①两宋时期永嘉学派先贤在温州各地纷纷创办书院、私塾、舍馆,温州耕读传家的氛围很浓。到清末,更有孙诒让在温州、丽水、台州等地创办309所新式学堂,缔造了温州文化的传奇。陈傅良九岁时父母双亡,兄弟姐妹靠祖母抚养成人,家境贫寒。26岁他在仙岩书院教书,不拘泥于旧说,常有自己独立见解,前来学习的人很多。叶适出生于1150年,比陈傅良小了十几岁,曾经到仙岩听过他的课,他们俩一生亦师亦友。叶适曾记述陈傅良教书的情况:"公未三十,心思挺出,陈编宿说,披剥溃败,奇意芽甲,新语懋长。士苏醒起立,骇未曾有,皆相号召,雷动从之。虽縻他师,亦借名陈氏,由是其文擅于当世。"陈傅良在仙岩书院讲学,盛况壮观。南宋文坛领袖朱熹到仙岩书院看望陈傅良,"宋儒陈止斋先生读书其中,朱晦翁(即朱熹)亦尝来游,大书'溪山第一'四字"②。朱熹榜书的四个字,刻在石碑上,落款"晦翁",现在就放在陈傅良纪念馆门口。朱熹把当时的温州誉为"东南邹鲁,溪山第一",甚至形容当时的温州是"开天气象",这个牌匾现在还悬挂在仙岩禅寺。绍熙四年(1193),陈傅良升任代理中书舍人,负责替皇帝草拟诏书,他廉明正直,因"庆元党争"案,被列入"伪学逆党",愤而上疏辞官回乡,在仙岩书院重执教鞭,开门授徒,著书立说。自古以来,温州文风鼎盛,这与陈傅良这样的大儒在温州办书院,关系很大。这种学风至今影响温州后人,也影响温州华侨。

温州华侨经济要适应当下环境,能否逆潮流而上,关键还是看后续人力资本。受温州重教兴学、耕读传家的文化传统影响,在外的温州华侨普遍非常重视教育,多数经济条件许可的华侨,都尽力将子女送到当地优质学校或国际学校就读,接受良好教育。

温州华侨在欧洲的创业时间不长,真正出现移民高潮的还是2001年加入WTO后。2024年我到法国、德国、荷兰、意大利采访,惊喜地发现,与8年前的采访大不相同,不少60后与70后温州华侨后代接受高等教育后,成了各行各业精英。法国温州商会会长陆晓锋的儿子陆维克在巴黎中央理工大学取得双硕士学位

---

① 王瓒,蔡芳.弘治温州府志(卷十)[M].胡珠生,校注.上海:上海社会科学院出版社,2006:240.
② 王叔果.王叔果集[M].合肥:黄山书社,2009:440.

后，又到加州大学伯克利分校攻读硕士学位，在高盛投行实习后，目前在华尔街从事金融工作。女儿陆甜甜毕业于法国北方高等商学院，获得双硕士学位后，现在世界 500 强企业埃森哲公司从事战略咨询工作。叶飞燕，1970 年出生于浙江温州，自 1984 年定居巴黎，并在时尚行业深耕多年，现在是法国总统马克龙政党对外联络处书记，丈夫黄家颖，原毕业于浙江大学，他们的儿子巴黎政治学院取得硕士学位后已进入政界，女儿也在法国艺术学院导演系取得硕士学位后从事艺术工作。程承钢原来是温州瑞安体制内干部，来到巴黎创业已 30 多年，他儿子 9 岁来到巴黎读书，后来和陆晓锋儿子毕业于同一所大学，取得双硕士学位，现在在巴黎从事计算机软件工作。程承钢的女儿在法国出生，也是在法国取得双硕士学位，在欧莱雅工作。德国科隆的温州侨领郑旭涵的儿子目前在鹿特丹大学攻读学位，郑寒梓的儿子现在波恩大学攻读法律硕士，即将毕业，波恩温州侨领金宗存的女儿在科隆大学取得文学硕士学位。波恩温州侨领廖锦瓯的儿子刚刚考入波恩大学数学系。瑞安的金立人在波恩大学即将获得工学博士学位。平阳的李剑在波恩大学获得医学博士学位后，在波恩大学医学部研究所工作。欧洲华人律师极少，而刑事诉讼律师更是少见。出生于 1986 年的郑帆就是为数极少的刑辩律师，他的事务所位于米兰华人街，共有 6 位律师，主要服务于华人。温州华侨李春蕾和吴文俊的女儿吴思璇在博科尼大学读完大一课程，又申请到美国纽约大学攻读工商管理。据吴思璇介绍，2023 年考入博科尼大学的华侨华人超过 80 人，绝大多数是温州和青田的华侨子女。距离首位考入博科尼的温州华侨二代黄宇行长，不到 20 年。温州华侨新生代知识架构和产业结构发生了翻天覆地的变化。郑旭涵收购德国科隆具有百年历史的酒店，潘颂勋收购创办于 1927 年的意大利百年名牌企业 BK 公司。叶飞燕在巴黎开设极具设计感的专题摄影书店后，又聘请法国世界知名建筑师保罗·安德鲁在上海打造一家极具特色的时尚概念店，通过电影布景的手法，将巴黎玛黑区旭丽府邸的外墙一比一复制，融入上海店铺的花园入口，将她在玛黑区的成长记忆和时尚灵感带到上海，展现巴黎的时尚与文化气息。保罗·安德鲁曾设计全球多个机场及标志性建筑，这可能是安德鲁职业生涯中最小的项目，却充满了独特的创意。

这些变化是温州华侨历史进程中可圈可点的故事。温州新生代华侨群体高学历背景的特征逐渐凸显，跨国公司在温州侨商中越来越多。未来已来，产业革命的深度变革，对未来人才的要求更高更严。产业迭代升级的过程中，人才也需要迭代升级。

意大利联合圣保罗银行上海分行行长黄宇是侨二代的代表。他小学和初中一年级上册在温州瑞安一所乡镇学校读书,11岁跟随父母到意大利米兰公立学校读书,他和妹妹是这所学校创办以来接纳的第一对华人学生。兄妹后以非常优异的成绩考取意大利博科尼大学。黄宇是意大利最大的银行意大利联合圣保罗银行首位管培生,也是圣保罗银行首位华人行长。黄宇出生于1979年,他在上海工作,既要做好中国优秀企业前期背景调研,最大力度做好科学分析报告,提交总部决策,为中资企业融资服务,也要积极提供中国经济分析报告,引导意大利优秀企业到中国投资。黄宇身上有着优秀的中国文化基因,他读过《曾国藩家书》,曾国藩家训中最重要的就是子孙后代要读书,做读书人。黄宇小时跟随祖父祖母,他们是老一代有着浓厚儒家文化背景的体制内人,两位老人现在95岁了,还是没有离开书。黄宇记忆最为深刻的是《岳飞传》中精忠报国以及《杨家将》杨六郎、杨宗保、杨文广和穆桂英将门群像。黄宇的话让我记忆深刻:"上海聚集了全世界精英,如果一天不学习,就是这大厦里的电梯,随时被按下暂停键。"

夏敏父母是温州文成旅意华侨,2000年,她在威尼斯出生。2007年她被父母送到上海国际学校,完成基础教育后到洛杉矶读大学。世界金融中心的生活以及海外教育背景,又每年假期到威尼斯与家人团聚,对父母的生意耳濡目染,三地生活让夏敏更早熟悉华侨经济的市场。夏敏说欧洲市场偏传统,比如说跨境电商,网红孵化,正在国外慢慢起步。做百货的利润空间也大,主要是欧洲互联网经济不如国内发达。比如说蜡烛制作和销售,国内一欧元十个,在那边一欧元一个,剔除关税、运输及其他成本,还有不少的利润空间。欧洲教堂多,信徒多,教堂每年用的量大,还有国外餐厅,也用到很多。国内是制造业大国,产能输出上具有优势。夏敏在洛杉矶读完四年后,回上海工作两年后打算去中国香港或新加坡读研,先就业再留学是为了明确下一步方向。她说出国留学也好,在国内上学也好,更多的是让她看到世界的多样性,只在中国上学,或者只在国外上学,只能看到世界的一面。多去接触人,接触事情,接触行业,视野更开阔。她说光在中国待着,肯定不知道意大利的市场怎么样;只在意大利待着,肯定不知道国内经济发展状况。她在一家跨国公司从事媒体和咨询行业。去年做了三个榜单,一个是出海全球化,一个是海归精英,还有一个是华侨精英,这三个榜单对象的履历与夏敏经历相似。在这个过程当中,夏敏寻找不同行业的切入点,帮助这些海归或华侨建社群,策划一些有影响力的活动和宣传。海归和华侨两个榜单各选择100人,事先可能要接触三四百人做筛选,工作量很大。然后凭借社群优势,做好30家企业出海服务。夏敏做完了三大榜单后,去了一家能源储存公司,她认为自己找到了方向,将目标锁定出海,就是把国内的制造业产品送到海外。夏敏觉得国内不光是产品卷,模式也很卷,无论是模式还是产品,出海都是最好的选择。这几年很多华侨将国内成熟的连锁品牌模式带到海外,改变了海外的生活,也改变了温州华侨所在国居民的观念。

温州华侨群体中真正具备国际影响力,走向全球化高端平台的,将来应该就出现在黄宇、夏远力、夏敏、宋胜仲、金马克、郑帆、李万春等这批80后、90后、00后的温州新生代华侨群体。一是他们具备高素质教育背景。二是全球化经济共同体给他们提供了开阔的市场空间。三是老一代温州华侨创业基础坚实。四是国内政府政策上的支持和文化传承。

祖籍永嘉的非洲联盟主席让平,先后担任过加蓬共和国的外交部长和政府副总理,其家族可称为温州海外移民第一望族。他的父亲叫程志平,十分注重学校教育,不遗余力地支持让平从加蓬远渡法国巴黎求学,直至获得经济学博士并在巴黎工作6年。这为让平走上加蓬外长以及担任非盟主席打下了坚实的基础。黄建南是目前为止在美国政界中获得最高职位的温州人,祖籍永嘉枫林,1994年出任美国商务部助理部长,主管国际贸易。1995—1996年,他出任民主党财务委员会副主席,协助克林顿竞选总统连任。这是目前为止温籍华人在美国所担任的最高级别的政府职位和党派职位。

温州在意大利有影响力的华侨华人包括多个领域的杰出人物,根据最新的信息,有金砖投资集团创始合伙人董事长孙运之,他在国际投资领域有着丰富的经验,创办艺术高等教育学校,致力于传播中国文化和新闻;大成律师事务所合伙人白君毅,是首位执教于意大利大学的华人法学教授,并在中意之间的国际贸易案件中发挥着重要作用;木兰集团总经理章琰悦,其领导的企业为世界五百强公司及意大利各大超市提供新鲜食品,产品销售网遍布全意大利。这些人物不仅在商业上取得了成功,还在文化传播、法律服务和科技产业等方面做出了贡献,成为连接中国与世界的重要桥梁。他们的成就和影响力体现了温州人的创业精神和国际视野。温州还有不少在科技文化领域很有建树的华侨华人。徐贤修是留美数学博士、美国著名数学家,曾获美国普渡大学(2024年QS世界大学排名第99名)突出贡献奖,儿子徐遐生为留美天文学博士、世界著名天体物理学家,是美国"三料院士"。文成著名侨领胡允迪之子胡立松20世纪70年代初就可以出国继承父业,他在文成是教师,深知知识重要,待子女学有所成,悉数出国后,1986年才移居意大利。梅旭华家族、夏俊杰家族、廖宗林家族和杨步庆家族等几代人或为高学历者、或为从事文化产业的儒商,称得上名副其实的书香望族。

瓯海华侨任俐敏毕业于青岛潜艇学院,1992年前往法国,2016年起担任法国华侨华人会主席,被温州聘请为"海外传播官"。"参与当地的政治,获得一定的社会地位,才能为当地的华侨做事情,维护华侨们共同的权益。我们目前已经组织了一批在各个行业的青年人,努力培养他们积极参政议政。但这需要一代代的华人共同努力。"①这是他的心声。虽无法统计确切数据有多少海外华侨接受高等教育,就我所认识的温州华侨子女进入世界名校的,已不是少数。这为温州华侨经济的持续发力奠定坚实基础。

温州华侨处于海外,更具备国际化视野。我到上海国际学校了解温州华侨子女教育情况,温州华侨子女就读人数比较多,像光华、领科、平和都有几十人。我们设计了面向欧洲的教育调查问卷,结果显示80后和90后温州华侨将子女送到国内国外接受优质国际学校教育的达到15.5%。国外与国内教育形式和教育课程上的差异,对于温州华侨的成长,以及在世界经济中融合和贯通,更具互补性。朋友张晓华的儿子在上海国际学校学历史,第一年历史的内容是1918—1939年的德国历史,就是一战后到二战前希特勒崛起的那段历史。资料来源是多方的,各种资料加起来厚厚一叠,远远超过教科书的厚度。朋友说他儿子花了很多时间,但学得很开心,在学习自主能力培养和综合分析判断上更加开放。我采访了一位德国波恩大学博士,他认为中国教育更重视基础,重视知识积累,而欧美教育注重研究,建立自己的知识体系与学习方式,两种教育存在互补性。

经济基础决定上层建筑,接受高层次的教育需要物质基础做支撑。在问卷调查中,这些有条件进入国际名校的,或者在小学时期就能获得国际优质学校教育的,父母在海外的经济条件都不错,都是相对比较成功的温州华侨。教育决定人生的起点,李明欢教授《欧洲华人社会剖析:人口、经济、地位与分化》一文认为,欧洲华人社会人数增长、经济实力增强,主要分为四类。一是企业家和工商业者。二是专业移民以及完成学业后留居当地的原留学生。三是通过"正式合同"。在一定期限内进入欧洲某一国家特定企业的"短期"务工者。四是为数众多的草根阶层人士,包括非法移民。②

到了21世纪,温州华侨群体呈现新的特点,温州华侨经济模式从传统经济模

---

①　易永谊.闯天涯:温州华侨口述史(第一辑)[M].杭州:浙江大学出版社,2023:321.
②　李明欢.欧洲华人社会剖析:人口、经济、地位与分化[J].世界民族,2009(5).

式逐渐向新经济模式转轨。李明欢教授指出的第四类群体是最需要教育帮助,也是需要托底的一个海外华侨大群体。"华二代"和"华三代"数量不断增加,经济的差异也会越来越大。这一部分人是数量最多的打工者。温州华侨经济差异的存在是必然,但如何满足不同经济群体的教育需求,既要借力所在地温州侨商会等社会群体,也要国内各级政府出台优待华侨华人子女教育的相关政策。温州华人华侨经济体需要能够在全球范围内运营和竞争的人才,以获得海外市场核心竞争力。

近年来,温州市政府与华侨经济体加强与国内外高校和企业的合作,加强国际化的教育。为了帮助海外华侨华人创业发展,浙江省侨办、温州市侨办精心打造"侨梦苑",为其提供项目对接、政策支持、融资保障等全链条服务。在北京大学、清华大学、复旦大学这些国内一流的大学组办侨领研修班,提高海外华侨华人创业水平。我到马德里、巴塞罗那、巴黎、布达佩斯、雅典、塞洛尼卡、米兰、罗马、悉尼等地,见到不少温州华侨创办的中文学校,马德里一位瑞安华侨创办的学校,人数达到 700 人,瑞安人潘世立在佛罗伦萨创办的中文学校,不仅学制达到十二年,而且接收了部分其他国家的学生参加中文学习,现在正在与温州大学、暨南大学筹划创办高等教育学校。温州华侨孙运之先生已在米兰、罗马分别创办两所艺术高校。2024 年 12 月 12 日,海外华文教育发展大会暨华文教育工作研讨会在温州瑞安举办,来自全球 35 个国家 200 多名华文教育者共同探讨新时代华文教育工作,发布了《海外华校建设优化提升指引》。这些对中国文化和教育的传承发挥了非常积极且有成效的作用。

2. 从"双重边缘"到"双重主流"的文化认同哲学

社会学家费孝通 20 世纪 90 年代在香港中文大学的演讲中提出中国的文化是"多元一体,和而不同"。生活地域不同,成长的环境不同,必定对人的精神和文化产生深刻影响。温州华侨在海外以多种文化组成的"经济—社会—政治—文化"集合体,与西方的文化形态既会发生碰撞,也会在传承和融合中优化。在海外华人聚集的城市采访,我明显感受到写着"中国文化"密码的宗亲文化、伦理文化在异域的结缔和嬗变。

黄宇说他在上海分行招募员工,最看重"平稳"二字。那种急功近利,希望五年十年就迫切当 CEO 的,不适合他们的文化。他信赖这样的人:就是一直愿意学习,真正有才学的人,机会自然会拥抱你。温州华侨新生代多数在海外出生或成长,生活习惯与价值观念逐渐"西化",不少新生代华侨故乡观念淡薄,一些新生代华侨不会讲普通话、写汉字,对于中国及家乡历史的认知极少。现在国内各级侨办联合高校和中小学组织"寻根夏令营",把海外华裔青少年带到国内学习体验,与国内青少年举行联谊活动;像法国、意大利、西班牙的侨团还在所在国举办中国历史与现状的图片展览,制作公众号,与国内统战、宣传、教育等政府部门开展丰富多彩的侨童教育,介绍中国各项建设成就与历史古迹、民俗、书法、国画、戏剧等国粹,温州大学、温州开放大学均创办了华侨学院,并积极推动面向华侨的高等教育。不少侨团还在海外创办各类媒体,举办具有浓郁中国特色的节日庆典,弘扬中国文化。

瓯海丽岙旅法华侨王荣弟到巴黎将近 40 年,对于华侨身份认同问题更是有着切身感受。他说丽岙全镇户籍人口 52000 多人,在海外的有 46000 多人。像他的儿子、孙子都在国外出生。可以说家家是华侨,人人是侨眷,一个人可以讲一个"侨"的故事,一家人可以写一本"侨"书。王荣弟在丽岙的家里创办了缩微型华侨博物馆,做了八个板块,讲述自己与"侨"相关的旅程。王荣弟说,无论走到哪里,走的多远,海外华侨永远是黑头发黄皮肤,改不了。只有国家强大,才是坚强的后盾。华侨在国外再有钱,国家若羸弱,阿拉伯人、黑人、白人都会欺负你,怎么谈发展?怎么谈生存?所以在国外的华侨特别爱国。到海外调研不难发现,事功思想在温州华侨身上的深刻印记。抗日战争时期,温州华侨募集钱款,运送物资回国支援抗战;在东南亚创办刊物宣传国内抗战新闻;疫情防控期间,众多侨商会在海外四处奔走,募集钱款,购买抗疫物资运送国内。诸如此类的案例,数不胜数,无不彰显事功学说义利并举的家国情怀。

出生于温州龙湾的德国侨领冯定献说:"我一直在思考一个问题:我们人生中最应该做的、最有意义的事情到底是什么?是照顾自己的家庭,还是发展自己的事业?这些我觉得都不是,真正有意义的是帮助有需要的人,这是我目前坚定的一个信念。拿我自己的经历来说,我事业上的每一步发展,都不是只靠自己的。一开始是借助了改革开放的东风,后来则是得到国家政府部门和其他朋友的大力支持、帮助。做人是不能忘本的,所以当我现在有了些许能力,看到有很多人碰到了困难时,我就应该站出来,尽自己所能帮助有困难的人。"[①]冯定献的这段话很有代表性,文化的认同感是民族生生不息的重要密码,在冯定献身上,我们看到了文化之根的厚重。海洋文化的包容性和事功学说的义利并举、经世致用,是温州华侨经济愈益强大繁荣的基因密码。

---

① 易永谊.闯天涯:温州华侨口述史(第一辑)[M].杭州:浙江大学出版社,2023:275.

中国还有句古话："百万买宅,千万买邻。"温州人更是如此,到了异国他乡,他们更看重乡情。温州著名社会学家项飙在其著作《跨越边界的社区》中将温州人的这种社会属性和文化属性做了概括,"浙江村"形成、发展、扩大、矛盾问题,巴黎13区美丽城、米兰华人街、普拉托中华街等华侨华人居住密集的区域,就是项飙笔下"北京浙江村"的翻版。温州华侨的奋斗史和创业史以及他们结成的关系(结盟、宗族、团结、互帮等),都能在项飙的著作里找到注解。华人社区的很多关系,以及特殊的影响,极其相似跨越边界的"浙江村",游离体制之外,跨越地理位置边界,超越组织体系、行政体系、身份体系等一系列隐蔽且深刻的社会边界。

第一次世界大战到1949年期间,最早一代温州华侨基本上是以"契约华工"或"战争华工"的形式被招募到南洋、南美的殖民地,或做苦力,或在欧洲战场担任后勤任务。这些早期移民创业条件之差,生活环境之艰苦,现在很难想象。光从一些影像资料和记录文字,是难以感同身受的。温州人勤劳,不怕吃苦,在缝隙中找光,又同舟共济,这是他们星星燎原的共同文化基础。为此,他们比邻而居,彼此照应,赓续义利并举和"四千精神",书写了海外"温州村"的故事。

温州华侨胡镜平做了一件很有意义的事。巴黎三区位于市中心。庙街是巴黎著名的商业街,已有百年历史,南起巴黎市政厅,向北一直延伸到共和国广场,总长约两公里。这条商业街前门开店,后门是皮件制造作坊,是法国皮件的主要集散地。1960年,犹太人Kaminsky在歌剧院大街6号开设了Kam's免税店。Kaminsky去世后,另一犹太人接手。免税店原客户群以日本人、阿拉伯人、韩国人和法国人为主。进入21世纪,华人消费群体崛起。胡镜平看到了商机,就想盘下这家免税店。谈判非常艰难,长达两年,最终胡镜平接纳了免税店。接手后,胡镜平在保留大部分老员工基础上,招募了六七名华人员工,以适应接待免税店新客户群。免税店最早销售圣罗兰、香奈儿等高端品牌香水、皮具,并为一些高端客户群提供高级定制,现在又拿到法国国民奢侈品箱包品牌Longchamp、瑞士知名时尚手表品牌Tissot、Frederique、Constant等法国代理权和经销权。所有品牌新品第一时间在店里上线出售。谈判成功后,胡镜平特别高兴,万万没有想到,时隔近一个甲子,免税店主人改写为温州人。

旅法温州华侨陆晓锋对华侨社会处境问题的认识很有见地,他认为很多温州华侨在经济上具备了一定的基础,实际上仍处于社会的边缘,融不进去主流社会。赚了些钱,喝好酒,吃好菜,开好车,这只是浅层意义上解决了物质生活问题,并非真正意义上进入上流社会。连法国的语言都不懂,怎么可能是进入上流社会。所谓的上流社会,通常指社会中经济、社会地位和文化影响力较高的阶层。这个概念在不同的文化和历史时期有着不同的定义,除了经济富裕,还包括社会地位、教育与文化、社交圈、生活方式等。30 年前华侨回国,政治地位、社会地位各方面都不错,现在国内经济发展了,华侨回去也吃不香了。陆晓锋认为现在的温州华侨处于"双重的边缘",在国外进入不了社会的主流,回到国内,因为长期在国外生活,也进入不了社会的主流,处于社会边缘。陆晓锋说,经历了几次大的移民浪潮,海外温州华侨华人从分散到聚集,再到分散,这是必然。20 世纪 90 年代到 21 世纪的第二个十年,华人经济实力极大提升,对法国社会的融入程度也有了更高层次的需求。目光逐渐超越华人区的概念,特别是侨二代侨三代,已经充分接受欧洲文化和教育,必定不满足于华人圈内的竞争,渴望走向国际化和全球化。新生代华侨多数拥有高等教育背景,已从上一代的相对聚集的商圈拓展到政治、艺术、文化、高科技经济领域。事功学说并不是单向地注重事功或功利,事实上,对于人自身如何完善,同样构成其关注的重要方面。叶适曾指出:"克己,治己也,成己也,立己也。己克而仁至矣。"治己是关乎自我成就的途径与方式,成己与立己则是最终的目标。温州华侨在海外重视教育,渴望融入所在国主流社会,说到底,关注华侨人的发展的中心问题。事功只是使人在物质层面上获得更好的发展背景,人的存在和发展最后需要落实于自身如何进一步提升和完善。永嘉学派对成就自我、人格培养,也给予了多重关注。与之相联系,陆晓锋提出海外华侨从"双重边缘"向"双重主流"发展的需求,正是对永嘉学派事功学说"成就自我、人格培养"的回应。

事功学说是中国传统文化的重要组成部分,也是中国古代儒家文化中最重要的思想之一。事功学说在温州海外华人华侨经济驱动中经历了多次蜕变和革新,在义利并举、守正创新的学术思想背景下,主张通过实践和行动来获得知识和修养,为华人华侨提供重要的指导和支持,帮助他们在全球化的环境中更好地适应和发展。

事功学说的另一特色是以经制言事功。楼钥说,薛季宣"考订千载,自井田、王制、司马法、八阵图,该通委曲,真可施之实用";叶适评价说,永嘉之学"尤号精密,民病某政,国厌某法,铢称镒数,各到根穴,而后知古人之治可措于今人之治"。[①]经制研究的目的,就是从儒家经典中挖掘适用于当代国家治理的思想、制度和办法。黄宗羲说:"考当时之为经制者,无若永嘉诸子。"从王开祖、周行己到薛季宣、

---

① 叶适.水心文集(卷三)[M].上海涵芬楼借乌程刘氏嘉业堂藏明黎谅刊黑口本:179.

作者在巴黎采访旅法温州华侨陆晓锋(右)和叶飞燕(左)

陈傅良、叶适,永嘉学人无不对纲纪经制充分重视。《周礼》《周易》《尚书》《春秋》等儒家经典,这些记载了圣人治理国家的原则、措施正是事功学说要学习和提炼总结的。叶适说,"上古圣人之治天下至矣,其道在于器数,其通变在于事物,其纪纲、伦类、律度、曲折莫不有义"[①]。孙诒让说,纲礼如果崩掉了,那社会国家也就没有救了。

随着全球经济一体化的加速,越来越多的华人华侨在海外创业、投资和经营。他们面临着全球化市场的激烈竞争和复杂多变的经济环境。"永嘉之学必弥纶以通世变者"的思想影响着一代代温州华人华侨,他们不断学习和创新,以适应市场的需求和发展趋势。在这种情况下,永嘉学派事功学说的价值被进一步提高,因为它强调通过实践和行动来获得知识和修养,为华人华侨提供了有力的指导。同时,温州华人华侨对传统文化的认识和认同也发生了变化。越来越多的华人华侨在海外生活和工作多年,他们对本土文化和价值观念的影响逐渐减弱,同时也对全球化文化和价值观产生了更深的认识和理解。

十多年前,胡镜平二叔在巴黎首倡家宴,胡家儿女无论在法国哪一处,每年正月初三,轮流做东举行家宴,胡家儿孙便悉数从各地赶来。一年一度的家宴,更像宗亲课堂,传导东方伦理和家园意识。胡镜平家距离陈傅良讲学的仙岩书院不远,

---

① 叶适.水心别集(卷五)[M].瑞安孙氏诒善祠塾同治九年刻本:01.

步行数千米,就是书院、慧光塔、禅寺、摩崖,先贤踪迹无数。每年清明,温州华侨回乡人数最多,华侨看重回乡祭祖,家宴、祭祖、追求"双重主流"的融入,实际上就是对永嘉学派文化中人伦哲学的延续和说教,既属于儒学和理学的范畴,也具有事功的特点,这是具体的文化认同方式。

温州在华侨文化认同上做了很多事情。举办"追梦中华·奋进先行区"海外华文媒体浙江(温州)采访行活动,聘任 19 家海外华文媒体为"海外传播大使",深化与海外华文媒体的链接,加大侨乡宣传力度。加强公众号和官网等正面宣传主阵地建设,推出"侨见""侨创""侨家""侨爱"等宣传栏目。鹿城持续推出《侨见鹿城》双语系列视频节目和《共富"鹿"上的侨故事》系列报道,乐清开展"侨界她故事"宣传,瑞安打造传统文化传播基地,文成组建海外宣讲团。温州举办"亲情中华·春潮瓯越"2023 世界温州侨胞春节联欢晚会,线上同步全球直播,点击关注量达 150 万人。举办"亲情中华·之江同心"侨联文艺轻骑兵走进侨乡文成活动,增强侨界群众对中华文化、瓯越文化的认同感。举办"亲情中华·为你讲故事"网上夏令营、温州市侨界留守儿童快乐营、"中国寻根之旅"夏令营温州营,增强华裔新生代对中华优秀传统文化的认同感,努力画好侨界最大同心圆。

朱陆民、陈佩杏在《新加坡华人国家认同的演变——从开埠到李光耀政府时期》提出"国家认同"概念,个人与国家之间,在情感上的融合,两者浑然一体。个人把国家的得失视为个人的得失,个人把国家作为效忠的对象,因此表现在个人的行为上,是为国家的利益而努力,一旦国家面临危机,个人悍然执干戈,卫社稷,必要时愿意为国牺牲。温州各地形式不一的侨界做法,无不是从文化的角度增强温州华侨的文化认同感。温州华侨在全球范围内拥有了更多的影响力和话语权,并且越来越多地参与到国际政治、经济、文化等领域的决策和沟通中。在这种情况下,基于实践、勤奋和创新的永嘉学派事功学说的"守正"与"弥纶通变",成为温州华侨华人在海外融入和发展的重要哲学思想。这种思想赋予了温州华侨经济文化的特殊性,具有独特的竞争优势。

3. 从"叶落归根"转向"落地生根"

新加坡原总理李显龙认为华人海外移民,难以散枝开叶,很大程度上受儒家文化影响,都盼着光宗耀祖,叶落归根。社会意识是文化架构的重要部分,温州华侨的文化认同和归属感上要改变。前三次浪潮中移民海外的温州绝大部分华侨有着深重的"安土重迁""光宗耀祖"文化情结。他们的心永远走不出故乡,走不出祖国,始终把海外视为"客船"。

华侨华人社会是伦理社会。学术界普遍认为,以婚姻和血缘为纽带的家庭是社会的最基本单位,再以同一血缘家庭为基础而建构起来的社会网络或社会组织即为家族或亲属。陈建敏在《论海外华人文化的特征及现实意义》指出,在海外华侨华人历史上长期占统治地位的儒家文化,在结构上最大的特点是伦理中心主义。这种以伦理为中心的文化构架,以家庭为中心,由小而大,由近而远,由亲而疏,延伸扩展,形成社会关系的网络。海外移民以伦理为中心,以家庭为基础,一家带一家移居海外,一家又生一家落地生根。家是经济载体又是文化载体,连点为线,集线成面,由亲缘面扩大为不分姓氏、地域信仰的华族认同与回归,于是形成了遍及五大洲的星星点点华人社会。[①]

这种文化情怀一定会影响华侨经济的持续性和久远性。在海外创业,要从"叶落归根"向"落地生根"转变,坚守不与民争利的事功思想。海外创业,并非单方面受益,只有与属地国家居民同步共富,才有希望共赢。

投资经济学上经常会用钟形曲线[②]来论述个体从业者与社会财富增值的关系。运用高斯钟形曲线来分析工业制造者个体,道理相同。比如我们创办一个企业,90%的成员工资收入会落入平均水平,只有5%的成员低于平均水平,5%的成员高于平均水平。这一批90%群体增收了,就会带动企业的联动发展。温州华侨到海外创业,带动当地居民创收是同样道理。周其仁教授在一次演讲中提到,什么叫制造业?就是只要工厂开工,工人就能天天上班,天天有收入。这种稳定、持续的收入,和传统农业下农民靠农闲养鸡、编筐有一搭没一搭的收入相比,收入相差达8到10倍。"传统农业中的农民变成工人,他们的收入就会大幅增长,就可以大量购买工业产品,市场就变厚了。"[③]

"以天下之财,与天下共理之。"[④]叶适认为政府理财首要是为民理财,理财既是解决政府的财政需要,也是增殖社会财富。这正呼应了叶适"为天下理之",保证

① 陈建敏.论海外华人文化的特征及现实意义[C]//周望森.华侨华人研究论丛(第六辑).北京:中国华侨出版社,2003:188.

② 钟形曲线:创立者是数学家卡尔·弗里德里希·高斯,它将所有的值都以对称的方式排列,其中大部分结果都位于概率均值附近,只有少部分离群值处于曲线的两端。这意味着任何数据集合中的大多数都将处于或接近平均值,而少数几个选点将会高于平均值或低于平均值。

③ 周其仁.中国民企从来向死而生[EB/OL].正和岛,访谈.2023-07-24[2024-9-8].https://m.mindcherish.com/expert/ng?!#/article/content?id=5718041.

④ 叶适.水心别集(卷二)[M].瑞安孙氏诒善祠塾同治九年刻本:13-14.

人民都有"衣食之具"的经济学理论。温州先民奉行"无工不富"、通商惠工,就是让耕种持家的温州先民从小摊小贩、小手工业者的单一身份解放出来,政府"开阖、敛散、轻重之权不一出于上",要允许老百姓自己从事经济和经营活动,以"使小民蒙自活之利"①。叶适反对国家垄断经营"山泽"以及道路城郭等,认为政府既要鼓励工商业者从事正常的经营活动,以产生社会作用。基于事功学说思想,温州华侨在海外创业,如果能够做到落地生根,在当地开花结果,将所属国的居民作为自己未来久远的乡邻,与其共赢,与其共富,实现文化、经济和所在国所在地居民深度融合,这应该是实现华侨经济持续增长和发展的文化思想基石。

新一代温州华侨在这点上有了很大转变,他们认为炎黄子孙指的是血缘关系,血缘不能自由选择,但国家则是可以选择的,他们生于斯,长于斯,受的是所在国教育,讲的是所在国家语言,思维方式、饮食,多数都已外化。有一些海外温州人已把所在国家看成是归宿,自己的国家。温州华侨要打破固有的文化伦理,要树立他乡即故乡的观念,少一点"叶落归根"意识,多一点"落地生根"的融入情怀。如果只是一味想着赚点钱,衣锦还乡,是很难成长为大企业的。

4. 抱团文化推动温州华侨经济的裂变

据不完全统计,温州华侨客居的 137 个国家,大大小小的各类社团、侨团、侨商会不少于 400 个。作为所在国的外侨组织,他们所具有的功能是综合的。海外华侨华人远离故土,出于经济利益、精神生活和社会存在的原因,逐步形成了以崇尚"义统"为核心的各种团体,像宗亲会、同乡会、会馆与各式侨团组织,在海外每个国家都很普遍。温州人移民海外主要是乡亲和亲属等地缘、血缘的关系,客居异国,同乡同族之间相互提携,守望相助,久而久之,就慢慢形成了具有自治性质自助自保的社团和组织。

对于初到异国者,这些组织是他们的落脚点和中转站,帮助新移民寻找、联系工作;若侨民之间出现纠纷,他们帮助调解处置。一些华侨不会流入国语言,没有绿卡,从事最艰苦最底层的工作,侨团帮助他们申办绿卡,帮助他们的子女落实学校,身体不适帮助他们就医。温州华侨多数属于草根,受困于温州七山二水一分田因素制约,承接通商惠工的文化根脉,凭借吃苦耐劳的精神和乡土性社会关系资源,在海外生存与发展。草根化的边际带入与渐渗式融入抱团取暖,更易于获得生

---

① 叶适.水心文集(卷一)[M].上海涵芬楼借乌程刘氏嘉业堂藏明黎谅刊黑口本:67.

存和发展。

温州华侨这种结盟自助自保的组织形态,自宋以来就存在。南宋乾道、淳熙年间,温州学者人数多。诗人徐玑在《黄碧》一诗中写道:"相逢行路客,半是永嘉人。"宋徽宗时期,"皇祐三先生"丁昌期之子丁志夫曾两任国子监丞,常往来开封和温州之间。温州学子前往游学,知其重乡情,到了开封就找他。史料记载:"丁公在,庶几无失所也。""乡人及四方游旧,疾病死丧急难,皆赖公以济。"当年的丁志夫,就类似于现在海外的"温州同乡会会长"。温州华侨华人爱国爱家的儒家思想永远在血液中流淌,抱团精神处处可见。

善于抱团,良好的内部协作,这是温州人突出的品格。他们借助亲戚、好友、同乡等渠道形成的"强连带"的社会关系,方便开办企业、经商。在巴黎、米兰、马德里、罗马等城市,还有集结成的"温州城"。海外各个温州华侨集聚的城邦,几乎都有各种温州商会。温州华侨作为海外移民,流入海外陌生地,人地关系更为紧张,创办各种类型商会相互抱团,照顾共存。这些商会组织既是传递流动信息的媒介,又是他们形成产业链条的平台。

温州人多地少,只能向外拓展。毫不例外,温州华侨这样的聚集方式一直没有改变,从早期到南洋、日本、欧美,到当下到非洲、南美,最初都是散兵游勇。待发现商机,便及时开辟新的商场或商品集散地。每到这时,散兵游勇就聚到了一起,出谋出钱出力。也因此,在海外开辟了不少以温州人为主的商场或商品一条街。有人把温州华侨的攻伐之术归结为一个特点:集中强大兵力攻下一座城堡,而后从家乡搬来很多愿意经商的兵勇,安营扎寨守住阵地,除非是市场衰落,否则绝不后撤。将温州华侨的这种海外创业比作运动战和阵地战的巧妙结合。

在运动战的基础上聚集的温州海外移民,第一种是以血缘结成的关系形成家族式阵地战。血缘关系结成的关系包括父族、母族和妻族,宗亲会、宗族会就在海外特别是东南亚的华侨中很流行。往往由一人或一个家庭率先移居海外,待稳定后再以"亲带亲,故带故"的方式,提携其他家庭成员或家庭移居海外,繁殖数代,最终构成少则几十人,多则上百人,像瑞安桂峰的潘世锦家族,瓯海的胡镜平家族,文成的胡允迪家族,形成超过三百人的海外大家族,也不在少数。2013年,胡方松、施菲菲撰写了《华侨望族》一书,分别采访了梅旭华、夏俊杰、廖宗林、杨步庆、韩天进、胡守近、郑珍存家族、蔡足焕家族、胡允迪家族、徐昌星家族、余序钻家族、胡永央家族、潘金照家族、杨益盈家族、林训明家族、黄金光家族、黄品松家族、孙华凯和孙氏家族、林德宪家族、郑岩芳家族、蔡庆桃家族等21个家族。胡方松研究团队以

1949 年时间为界限,将这时间之前出国而成为望族的华侨家族称为老望族;之后出国而成为望族的称为新望族。以各望族从事的领域区分,归结为商界、政界和科技界三类望族。望族的界定标准制定困难,参照系数模糊,很难归类。但是这种族谱式华侨姻亲却是缔结亲情的纽带,往往由此扩展为多个数代人构成的血缘姻亲家庭组织。

林训明家族在海外望族中很有代表性。林训明是瓯海区茶山人,1951 年到巴西南里奥格兰德省愉港创业,被誉为"巴西大豆大王和石化巨子"。他的三个儿子就取意于温州名门望族林氏的堂号。过去,林家故居厅堂,有"蔚秀堂"之匾,信纸、灯笼、算盘上都印有"林蔚秀堂"字号,为纪念林家祖上,林训明的三个儿子取名为蔚堂、蔚然、蔚愉,女儿叫林薇。这样的家族往往带有浓重的温州文化色彩。

第二种以地缘关系(或称乡缘)结成的阵地战。文成玉壶、瑞安桂峰和枫岭、瓯海丽岙和仙岩、乐清磐石等侨乡,华侨和侨眷比例超过 90%。往往是早期某些人先出去,有了一定事业,逐步带乡邻到国外,然后乡人又通过同样的方式带动血缘关系的亲属和乡邻。温州瑞安华侨张品昌是希腊首任瑞安商会会长,1998 年辞去中学教师公职,前往希腊。创业有成之后,逐步把乡人邻里、远房亲戚带到国外。这种以地缘关系形成的移民群体,利用团聚后的优势,依赖血缘、亲情、乡情为纽带的宽厚移民链和丰富移民资源,就像树上的枝杈,逐渐散枝开叶,形成 N 层级的海外宗族谱系,在世界各地存在。对于温州华侨,多数文化程度不高,背井离乡来到异国他乡谋生,其间艰难、孤独旁人无法体会。移民海外后,深切感受华人的力量单薄和漂泊感,组建社团等于组建温州人的海外家庭。为此,张品昌这样的侨界知识分子就充分利用教育优势和经济基础,成立商会。

法国华人华侨有 30 多万,其中温州华人华侨有 13 万,接近一半。第一次世界大战期间,温州华侨华人最早以劳工方式被清政府运送到法国。一战结束后,除了少部分华人遗留在法国里昂社区,其余都不是作为战争或政治难民进入欧洲,也不是因地域相近来到法国,极难获得合法身份的生存。温州华侨移民法国主要通过两条路线进入法国:一条是穿越西伯利亚和欧洲大陆而到法国的。20 世纪 30 年代,许多青田人(青田唐朝置县,从 711 年到 1963 年 5 月属于温州)凭着擅长石雕的技能,以雕刻销售小猴子之类小玩意谋生,花费两三年时间,才到法国。另一条就是海路,坐英国轮船,横渡南中国海、印度洋和地中海,或在法国的马赛登岸,或先在意大利上岸,再到法国。20 世纪 80 年代前,法国的温州人只有上千人,凭借老乡之间的相互帮助,从小商小贩干起,然后开店或办工厂。早期到法国的温州老华侨,像创办任岩松中学的已故任岩松先生,就是其中著名侨领。20世纪80年代,大量温州人进入法国,特别是20世纪90年代,来法的温州人越来越多,他们初期集中在13区,富裕后搬迁到3区,很多华侨都会居住在彼此距离近的街区,抱团结社和集聚居住,良好的信任关系帮助乡人创业,资助和借钱给乡人开办餐馆、超市、工厂或从事贸易。

这些海外华侨以各种方式结盟抱团,不单单是取暖那么简单,还有从事经济行为时形成集团作战,提升战斗力,从家族的行业细分,到商会的供应链、产业链闭环,商业模式上温州印记鲜明。

第三节 从"出口"到"出海"

"不出海,就出局",已然成为新地缘政治背景下中国企业的共识。从"出口"到"出海",中国企业重构全球产业链,主动寻找破壁机会,在转变过程中,中国企业改写了商业版图。2023年,中国的改革开放继续向纵深推进,电动汽车、锂电池、光伏产品"新三样"出口增长近30%。

日本在1973年以前的20年间,经济平均增长速度达到9.2%,尤其是20世纪60年代的增长无与伦比,像中国经济增长一样被誉为"增长的奇迹"。日本经济增长的转折点出现在1971年,布雷顿森林体系瓦解,加之1973年的石油危机,迫使日本像现在的中国一样从出口导向转变为内需驱动。导致一些国家在同一时期经济增速放缓的都有着共同的外部原因。新加坡也同样经历了从高峰到谷底的快速波动期,2010年新加坡经济增速高达14.8%,2011年骤降到5.0%,2012年接近崩盘,仅有1.3%,2013年才恢复到3.7%。

任何一个国家、任何一个经济体,经济增长总是有规律可循。中国经济体量巨大,对外投资存量和流量占全球份额皆稳步提升。2022年,中国对外直接投资流量仅次于美国、日本,位列全球第三;中国对外投资存量占世界份额达7.4%,高于日本、德国,但较美国差距较大,位列全球第二。1962年,日本经济学者赤松要提出"雁阵模式"经济学概念,他在文章中用"Wild-Geese-Flying Pattern"的英文名称描述了工业革命之后亚洲各经济体,尤其是日本如何发展经济的历程。

赤松要将日本明治维新之后依托西方资本和出口导向型政策的发展过程总结为:外来资本进入—自然经济崩溃—依托外国资本发展工业经济—工业经济体系逐步完备(按照初等品、生活用品、加工制造品生产和出口等顺序来进行)。待到日本成为东亚地区的发达经济体后,日本随即扮演了当年西欧国家的角色,将资本品以 FDI 的形式投入东亚其他欠发达地区。赤松要将这些参与国际贸易的国家按照出口产品复杂度排序,出口资本品的国家即为"头雁",其他国家跟随其后形成一个倒"V"型的形式,即我们熟知的"雁阵模式"。在该理论中,处于"雁阵模式"梯队中的成员的出口产品、工业体系所处阶段,与投资国、主要是"头雁"的需求相关:投资国需要被投资国出口初等资源,则会就初等资源产业进行投资;同理,投资国需要被投资国出口生活用品,则会对生活用品行业进行投资。推演"雁阵模式"路径,先是以日本为领头雁率先从东亚起飞,接着"亚洲四小龙"崛起,再往后是中国东部地区向中西部拓展。按照"雁阵模式"的推论,飞行的下一个目的地应该是东南亚和非洲。

从"雁阵模式"来分析温州华侨转型之路,很有借鉴意义。我们从"海上丝绸之路"到"一带一路",国内很多企业已经在这些区域布局,为温州华侨华人提供了参照。目前已有不少温州华侨将产业从欧美向亚非转移,原来落户在温州、东莞、佛山等地的侨资企业转移到了印尼、越南、非洲等地。越南具备蜿蜒的长海岸线,天然拥有众多港口,具有丰富的铝土矿和煤炭资源。越南拥有 9,800 万人口,人口结构年轻,且大量为农村劳动力。从人员工资到原材料成本,都比国内不少城市便宜,与欧洲相比就更悬殊了。美国、欧洲一些国家更早前就已经转移工厂阵地。1995 年,越南加入东盟后,城市化进程加快,人口不断向大都市圈聚集。据世界银行数据,越南已成为东盟 GDP 增长最快的国家,预计 2020—2025 年的复合年均增长率有望达到 5.6%,并预计有望 2036 年成为东盟第二大经济体。随着逆全球化和贸易摩擦加剧,越南的制造业已成为供应链转移的主要受益者。自 2010 年以来,越南制造业增长了五倍,并于 2022 年贡献高达 1012 亿美元的产值(占越南 GDP 约 25%)。越南已签署 16 项有效的自贸协定,包括 RCEP、CPTPP、欧盟—越南自贸协定等,这使越南成为较具吸引力的低关税贸易市。

500 多年前,奥斯曼帝国占领君士坦丁堡,阻断了欧洲与地中海、丝绸之路大片区域的贸易。大航海时代的帷幕就此拉开,欧洲国家迅速在非洲进行版图扩张:从航海探险者与当地土著的物物贸易迅速走向殖民统治,非洲的种植园成为欧洲国家的海外产能基地。在欧洲大陆掀起的航海浪潮席卷下,哥伦布 1492 年发现美洲、达伽马 1498 年发现好望角行至印度,世界经济重心迅速从地中海转移到大西洋。

当前欧美仍是我国重要出口对象,部分新兴市场出口增长强劲,在逆全球化的大趋势和贸易摩擦加剧的大环境下,"一带一路"和"金砖国家"或将成为我国出口结构调整的两大主线。截至2022年底,出海收入最高的行业集中在消费、制造领域,海外创收最高的五个三级行业为消费电子零部件、乘用车、集运、基建、光伏制造。集运、租赁、纺织品贸易、宠物食品、CMO/CRO等海外收入占比排名靠前,占比均超过70%,较为依赖海外市场。检测服务、传媒、医药等行业海外毛利率领先,从相对角度看,煤炭、传媒等海外—国内毛利率剪刀差较高。我国大消费企业更多选择欧美等发达地区作为出海目的地,而技术壁垒更高的制造、科技等行业企业更多选择在东南亚、南美等地区开展业务。我国面向欧美的出口产品结构主要是消费电子及零部件+杂项制品/纺织品等低端消费品,伴随欧美去库存接近尾声,下游消费品需求有望改善。2023年我国出口东盟国家商品中50%为运输设备和机电设备,高端化趋势逐渐显现。我国出口金砖国家比例较高的商品主要是机电设备、纺织品等消费品,近两年来新能源汽车和运输设备出口有扩张之势。

温州华侨先天就有谋变思想。博弈之下,相互制定壁垒,这是当前大国之间的客观事实,逆风而行的全球货物资金,也如大西洋的洋流正在漂移。2017年开始,欧美地区货物进出口的全球占比趋于下行,亚非拉美地区持续上升。东南亚(印尼、越南、马来西亚等)、中东(土耳其、阿联酋等)、拉美(巴西、墨西哥等)地区主要国家进出口占比上升,美国、德国、英国、法国占比下降尤为明显。华创证券和中信建投策略报告中的图表能够说明很多问题。

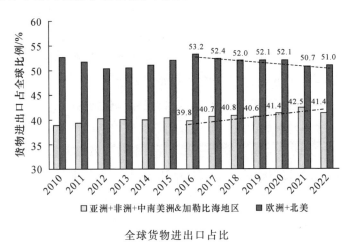

全球货物进出口占比

在未来中国经济发展进程中,出海或许是国内企业成长的重要来源。这对于温州华侨也是一个重大发展机遇期。北京大学国家发展研究院经济学教授周其仁

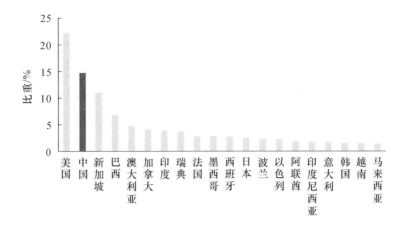

世界主要国家进出口占比

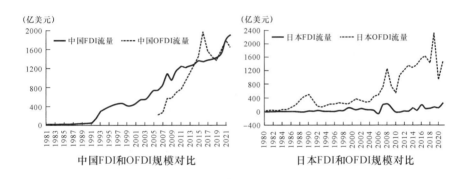

中国FDI和OFDI规模对比   日本FDI和OFDI规模对比

说,企业做到一定量级的时候,不仅需要把产品卖向海外市场,更需要把制造能力迁移到海外市场。对于具有厚重的商业文化基因的温州侨商更是如此,温州侨商伺机而动,离开曾经奋斗的海外市场,正在寻找和漂移。1990年以后,日本在国内经济增长见顶的情况下,通过出海在海外建立新的经济增长极。同样的故事正在发生,由于国内需求见顶叠加内卷,中国企业家已经将国内优秀的产品、模式、生产能力出海到东南亚、非洲、欧洲以及美洲。这些行业包括电商及品牌出海、创新药出海、智能机器人和智能化汽车出海等。

温州本土最大的企业是青山控股,其在2023年《财富》世界五百强中列于第74位。青山控股被称为"世界镍王",如果只是局限于温州这一块或者国内,不可能做这么大。青山控股的不锈钢原材料"镍"在印尼,在津巴布韦,在世界各地。2023年,青山的镍产量已经占全球的30%。温州华侨从事跨国界贸易,最大的意义是将国内好的资源与海外资源整合起来。物流作为通往世界的干道,直接关系进出口贸易发展。2014年,中欧物流班列开通,贸易份额占进出口总份额的约10%。义新欧班列开通后,这条班列运输额占了海外物流的10%。温州华侨蔡一航和他父亲蔡建林多次撰写提案呼吁建设温新欧班列,现在义新欧班列温州号已经开通,为温州的国际贸易往来提供了很大便利。从渝新欧到义新欧,再到如今义新欧班列温州号,温州国际贸易翻开了新篇章。

义新欧班列温州号特色专列

华侨经济一个是走出去,一个是引进来。现在越来越多的华侨将总部迁移回温州。温州政府这几年专门为温商回归做了大量工作,包括举办世界温州人大会、世界温州人科创大会,出台了很多吸引海外华侨回家投资的政策。2017年俄罗斯鑫尔泰企业将总部迁回温州。2019年西班牙温州侨商陈军敢回温州建酒店,蔡丰平等人回瓯海投资建设华美达酒店,2020年姜捷回鹿城投资建设浙江洲一集团。国内企业无论大型企业还是中小型企业,这两年海外市场拓展维度很宽。新能源汽车在俄罗斯卖得非常好。在俄罗斯卖得最好的十个汽车品牌,中国占了九个。俄罗斯的客运车、大卡车、机械车,中国品牌的占有量达70%。2022年俄罗斯进口汽车占汽车总量17%的份额,2023年飙升到49%。除了俄罗斯,还有中亚五国哈萨克斯坦、吉尔吉斯斯坦、塔吉克斯坦、乌兹别克斯坦、土库曼斯坦,再加上中东,情况也类似。蔡一航就是看到汽车市场巨大的贸易空间,现在做产业链供给端,温州好的产品结合义新欧班列温州号,只要找到终端销售,贸易链条就能搭建完成。

比较格力和美的两家企业的发展,可以给温州华侨未来发展做些参考。十年前,格力营收远超美的,利润大概是美的的一倍,但到了 2023 年,格力营收和利润都远不如美的。美的十几年前就在海外布局,不断拓展产品领域。2023 年美的营收 3800 亿元,大半已经不是家电了。比如说机器人,就有几百亿的收入。智能楼宇弱电,就是低压电,也是上百亿元。还有一块是医疗设备,可能很多人想不到,医疗设备上美的的创新很厉害。美的集团国际化决心非常大。2020 年遭遇疫情,企业技术人员到国外工厂,机票特别贵。美的给他们员工买的机票 7 万多元一张,但美的集团肯花巨额给员工买机票,涨工资,同时附加一个要求,在国外待两年。从企业长远战略来讲,海外建厂必须实现本土化。这几年在海外布局的产业,也是形式不一。像美的、三一重工、TCL 科技、海尔等国内知名制造企业,因为布局早,深度契合属地国家地区经济和社会,疫情和战争对企业虽有波及,但影响并不大,回报率还是很高。美的赶超格力,主要是预见人口红利消失,提早"出海"布局。

温州人具有先天性敏感,四海闯荡,敢为天下先的海洋气质。1894 年,孙诒让走出书斋,晚清的社会格局让他认识到实业的社会价值。他一方面经商办实业,一方面用赚来的钱办学校,并把学生送到国外留学。1998 年之后,一些温州华侨离开温州、西欧转道非洲、中东、南美,也是学习何享健这样的企业家,寻找出海之路。2011 年,温州华侨姜捷在迪拜创立了阿联酋板业(制造)集团,成为目前中东地区规模最大的新型板材生产企业,年产值约 15 亿元人民币,产品销往中东、欧洲、美洲、非洲的许多国家和地区。85 后温州泰顺的尼日利亚华侨徐赣安,在外闯荡 17 年,拿下 20 余座矿山。

土耳其华侨温州瓯海人王松林,原来在温州做拉杆箱。1998 年,响应国家"扩大出口,鼓励产品走出去,争创外汇"政策,王松林来到土耳其首都安卡拉,注册成立"中国温州旅行贸易进出口公司",销售温州生产的箱包及背包两个种类。1999 年,王松林将公司迁到土耳其金融中心伊斯坦布尔。2000 年,王松林用自己名字在土耳其注册"SONGLIN"商标,开始品牌化、规模化经营,企业效益直线上升。"SONGLIN"商标用于高档背包系列,成了当地学生的时髦品牌,和阿迪达斯品牌齐名。公司市场占有率高峰期曾占到土耳其市场的 40%,销售网络扩展到伊朗、伊拉克、阿塞拜疆等部分地区。

已故企业家温州鞋王郑秀康创业之路更体现出温州人出海的必要性。1987 年,国务院实施外贸体制改革,鼓励企业家走出去,极大鼓舞了温州人的进出口贸易。1987 年,杭州武林门发生"火烧温州劣质鞋"事件,5000 双温州产劣质鞋被投入火中,温州鞋声誉遭遇灭顶之灾。1989 年,郑秀康前往"世界鞋都"意大利学习工业化制鞋技术,回来筹集了 40 万元,购置了一条流水线。这是温州第一条机械化生产流水线。从某种意义上说,郑秀康的举动对温州制鞋业的发展产生革命性的作用。接着又投入 80 万元进行技术改造,鞋厂更名为"长城鞋业公司",寓意"修筑质量的长城、信誉的长城"。1992 年,注册"康奈"商标。1993 年,又花巨资从意大利购进世界一流的皮鞋生产线,开始经营品牌战略。同年,中央电视台用广告语"穿康奈,好气派"给康奈鞋子打广告,一时广为传颂。康奈积极响应中国自主品牌争创世界名牌的号角,2001 年 1 月 15 日在法国巴黎开出第一家康奈皮鞋专卖店,随后又在美国纽约和意大利罗马、普拉托、米兰、那不勒斯开设专卖店。2017 年,康奈仅一年生产出来的皮鞋就达到过 1000 万双。[①]

温州华侨经济从出口到出海,实际上是事功学说中"弥纶通变"思想在新时代的演绎和转化。叶适在《温州新修学记》对永嘉学派事功学说做了全面的评价,他认为永嘉之学"兢省以御物欲"一面,"周(行己)作于前,郑(伯熊)承于后"。而对程朱理学的认识则经历了从赞许到批判的过程,这种思想变化也正是事功学说的逐渐成熟到形成系统哲学的过程。叶适《进卷》一书非常认可《中庸》《大学》中的哲学要义:"道不可见,而在唐、虞、三代之世者,上之治谓之皇极,下之教谓之大学,行之天下谓之中庸,此道之合而可名者也,……因孔氏之经以求唐、虞、三代之道,无不得其所同然者,而《皇极》、《中庸》、《大学》之意始可以复见而无疑。"而在他集思想之大成的《习学记言》中,则对程朱理学展开激烈的批判,认为程朱理学"身与天下国家之理滞塞而不阅","贯穿通彻之义终以不明",并且尖锐地指出程朱理学"名为习大学,而实未离小学",认为程朱理学过于注重形而上,而忽略了实践意义和普世价值,程朱理学大部分是"将以明道而蔽之"。这种从哲学认同到价值批判的思想转变轨迹,也正是永嘉之学"弥纶以通世变"的一面,叶适说"薛(季宣)经其始,陈(傅良)纬其终"。永嘉学派从"兢省以御物欲"到"弥纶以通世变",从北宋皇祐三先生、元丰九先生到宋嘉定十六年(1223)叶适完成《习学记言》,永嘉学派从治学宗旨、道器关系、义利关系等几个方面,大概用了 150 年时间,完成了具有温州浓郁地方特色,对温州社会、经济、政治以至国家产生重要影响的哲学理论。[②]

温州正泰集团的出海之路彰显了"弥纶通变"要义。20 世纪 90 年代初,温州正泰集团通过广交会获得出口订单,开始出海国际市场。也是因为出海,正泰与一

---

① 张鑫."温州一代鞋王"康奈集团创始人郑秀康去世[N].北京青年报,2022-04-20.
② 叶适·叶适集(下册)[M].中华书局,1961:726-727.

国际巨头打了 10 多年专利诉讼官司。2006 年,正泰向国际巨头发起了专利侵权诉讼,最终对方向正泰补偿巨额款项达成全球和解。2002 年是正泰集团出海的破冰之旅,在意大利国家电力公司年度招标大会上经过 5 轮竞标,正泰击败全球近 30 家知名电气公司,获得 6000 万欧元标的。2007 年,正泰严格按照欧美市场的标准研发"诺雅克"品牌,填补了我国在高端电气设计领域的空白,也成为正泰突破欧美市场的利器。同时,正泰从"卖产品"向"卖服务"转型。先后在巴基斯坦、柬埔寨等国完成多项"交钥匙"总包工程,在全球投资建设 200 多座光伏电站,实现了产业链优势集成。2010 年,正泰提速全球产业布局,在德国、泰国、马来西亚,正泰太阳能工厂实现量产;在巴基斯坦,正泰组建国际区域工厂;2017 年,正泰在埃及设厂,辐射并覆盖欧洲及整个西亚非市场。①

　　虽然出海的路未必一帆风顺,但这是温州华侨华人寻找经济新增长点的新引擎。2017 年到 2022 年,中国进出口全球占比提升近 1 个百分点,领先其他国家和地区。而对传统贸易伙伴的出口占比却出现下行趋势,2018—2023 年,中国对美日欧出口占比从 44.4% 降至 40.8%,降幅 3.6%。对中东、非洲、东盟、墨西哥出口合计占比从 24% 上升至 30%,增幅 6%,特别是我国对东盟出口占比 2023 年达到 15.9%,已经超过美国的 15%。

　　近 20 年,我国凭借庞大的产业链集群成为世界工厂。2018 年,风向发生了变化,全球供应链向东南亚、拉美地区转移,越南、墨西哥对美国的贸易顺差大幅上行,他们进口中国中间产品,简单加工后出口至美国,转移产业链目的地,造成了中国的贸易逆差同步上行。也正是这些经济发展中的新变化,出海成了温州华侨和内地企业一种新的战略选择。

　　肯尼亚是东非地区综合实力最强的国家,同时也是地区海陆空交通运输枢纽,近些年该国采取了诸多吸引外资的措施,电力接入的提高和信贷准入的便利,使其成为中非产能合作的最佳落脚地。2012 年 7 月,中国交运集团辖下的中国路桥为肯尼亚设计、建设了一条全长 480 公里,连接首都内罗毕至东非第一大港蒙巴萨的现代化标轨铁路。该铁路自 2014 年 10 月开始动工,2017 年 6 月 1 日投入运营,在历时 2 年半的时间里,中国建设者利用中国标准、中国资金、中国技术、中国管理、中国装备、中国理念克服了资金、技术、人才、环境等方面的诸多障碍,高效环保地建成了东非第一条高标准现代化交通设施。蒙内铁路是中国铁路产业链、中国铁

①　白丽媛,叶小西.正泰集团从产品"走出去"到产业"走出去"[N].浙江日报,2018-09-08.

路技术标准全方位走出国门,成功服务于肯尼亚交通基础设施建设的典范。蒙内铁路的开通,终结了东非地区 40 年没有新增一条铁路的尴尬历史,为沿线地区进一步发展经济、削减贫困、解决就业、降低物流成本注入强劲动力。

内罗毕市是肯尼亚首都,市中心的中华街距离机场约 30 分钟路程。这里有小吃店、超市、百货店等满足肯尼亚中国人日常生活需要。中华街上可以普通话交流,消费可以用微信和支付宝。相对于当地收入水平,这里消费偏高,兰州拉面一碗 55 元,沙县小吃馄饨 50 元。普通超市里卖日用品、水果、青菜、肉类、面包等,日用品基本进口,水果基本上是当地的,青菜部分由当地华人种植或者国内进口,肉类基本是肯尼亚当地的。肯尼亚没有生产能力,依靠进口。目前中国是肯尼亚最大进口国,海运需要 3 周左右,再加上关税,商品价格基本上是国内 2—3 倍。中华街肯尼亚人叫 Chinatown,这里加起来不足 100 家店,里面还有小型 KTV、晨光文具店、国际物流、小酒店等等。

和中华街一墙之隔是中国商城,这里是两层建筑,休闲类包括理发、足浴按摩,饮食类包括火锅、烧烤、海鲜排档等,最亮眼的应该是门口海鲜店,食材都是当地海里打捞的海鲜。肯尼亚人不喜欢海鲜,这里海鲜非常便宜,比如大虾、青蟹、带鱼等都是国内价格的二分之一。在港口打捞后大部分出口到中国,小部分就运到中华街销售。唐人街只有一家海鲜店,一年净利润超过 200 万元人民币。

肯尼亚首都内罗毕是非洲最领先、最时尚、最现代化的城市之一,原属于英属东非殖民地,1963 年肯尼亚独立后,将这里当成首都,很多印度人在这里经商。肯尼亚政治制度采用英国民主体制,贫富差距大。肯尼亚基础设施薄弱、物资匮乏。内罗毕机场和高速公路都是中国援建的。中国人在肯尼亚经济建设发挥了重要作用,一个是国内有完备供应链,另外一个是雄厚资本和技术力量。肯尼亚是高度依赖进口的国家,近年来美元指数走强,先令(肯尼亚货币)兑换美元跌去 80%,从而大幅度抑制了商品进口。内罗毕主要有三种类型生意,一是垄断行业,当地官僚把持,比如通信工程、基建、建筑等;二是印度人在肯尼亚储存土地,当地主,收租金,印度人在肯尼亚有上百年历史了,在土地价格低位时候大量购买,现在建设很多工业区出租(目前距离市区 50 公里要人民币 30 万—40 万每亩,相当于中国三线城市价格水平);三是温州华侨在内罗毕做半成品加工。

肯尼亚的温州华侨从贸易逐步转向加工厂生产,以此取得价格优势。有位温州华侨 2017 年来肯尼亚旅游,发现了贸易商机,现在办了两个厂,一个是组装箱包,另一个是生产盘碗。两个厂工艺简单,技术含量不高,但价格比国内进口有优

温州华侨在肯尼亚开设的餐馆

势。肯尼亚总人口 5000 多万,是旅游胜地,箱包销量非常大,温州老乡雇了 9 个肯尼亚工人,回老家找了一个老乡做管理,再聘请一个肯尼亚留学中国的大学生做翻译,工厂每天生产箱包数量稳定在 1000 个左右。类似的箱包工厂肯尼亚大概 30 来家,利润还是不错的。还有一家给肯尼亚品牌碗做代加工的碗厂,2023 年 11 月份投产,是内罗毕第 7 家工厂,有 60 个肯尼亚工人,2 个温州老乡管理,日夜三班倒生产。生产的工厂都是从印度人那里租过来的,租金在 20 万左右。工厂既是仓库,也是生产车间。平时生产期间厂里都是封闭管理,最大问题是防止偷拿东西和火灾。一个生产碗机器设备 100 来万,其他基本都是备货成本,一年左右可以回收成本。

小米当年做手机的时候,国内已经有七八家很厉害了。欧洲是小米第一大市场,印度是第二大市场,第三大才是国内。小米手机在欧洲市场占有率很高,但利润不高,与占有率并非成正比。但小米运营模式的出海,意义很大,给温州华侨提供了很多学习的样本。西班牙华侨做"澳茶"跨界运营项目,卢成荣也是以小米代加工的模式做海外家居品牌,将国内国外市场打通,从产业链、供应链在跨界、跨国平台上运营,这是国内数字化经济和人工智能产业的发展推动形成的价值链。不少温州华侨跨国界运营的项目,都从中获得启发。

未来新能源汽车是温州华侨必须抢占机遇的蓝海,温州华侨要充分整合海外华侨华人优势,内外联动,开拓市场。2022年10月,我到上海与几位温州华侨和金融学者做了一次访谈,夏远力从哥伦比亚大学毕业后从事平行车进口贸易,黄宇是意大利联合圣保罗银行上海分行行长,张晓华从北大经济研究中心毕业后在国内投行深耕二十年,大家一致认为温州华侨华人有一个很大特点,就是联动优势,善于抱团。2023年,国内新能源汽车销售近600万辆,全球市场需求大概在8000万到9000万辆,如果按历史上丰田那样做到顶峰,中国生产的新能源汽车占全球比例将达到20%—30%。温州华侨正在借鉴一些日本、韩国、美国、德国等做法,整合温州的汽摩配优势,直接到海外建厂。

为了配合温州华侨经济的出海,温州市政府做了很多有意义的工作。加快打造近洋国际航运中心,累计开通14条近洋航线。加速区域国际航空枢纽、国际陆港建设,中欧班列突破1万标箱。2011年3月,由中国重庆驶向德国杜伊斯堡的首条中欧班列线路中欧班列(渝新欧)开行。截至目前,中欧班列已累计开行7.7万列,通达欧洲25个国家和地区的217个城市,运送货物731万标箱,货值超3400亿美元。作为共建"一带一路"旗舰项目和标志性品牌,中欧班列开创了亚欧国际运输新格局,搭建了经贸合作新平台,有力保障了国际产业链供应链稳定,为世界经济发展注入新动力。温州华侨蔡建林等人多次起草议案,向各级政府领导呼吁,2020年,义新欧班列温州号正式开通,义新欧班列温州号作为便利快捷、安全稳定、绿色经济的新型国际运输组织方式,开通近四年,为温州侨商作出的成绩抢眼。2020年完成56.1列,2021年完成102.5列,2022年完成131列,比开通当年翻了2.3倍,货值达到4.8亿美元,2023年1—10月完成110列,货值3.5亿美元。义新欧班列温州号作为温州侨商与亚欧大陆的链接,无疑是"一带一路"共建国家过境点和货物集散地新发展的润滑剂,更是撬动温州侨商贸易提升的杠杆。据波兰温州商会会长介绍,义新欧班列温州号开通后,仅2022年商会贸易总量增长了近一倍。2023年,温州跨境电商报关出口额上半年同比增长82.89%,国家进口示范区进口额同比增长49.5%,这与物流便捷化、快速化都有很大关系。温州市政府还在其他方面做了深度助力,深化个人侨汇结汇便利化试点,办理业务872笔,推进合格境外有限合伙人(QFLP)试点,首只基金募集5亿美元。在11个国家14个城市设置16个海外服务点,累计办理华侨服务事项和咨询1.6万多件,节约华侨回温办事成本超3亿元,"全球通"品牌实至名归。

温州市政府还大力推进"三综一联一进"平台建设,获批国家进口贸易促进创新示范区、海峡两岸大健康产业园。建成省级境外园区 3 家、国家级境外园区 3 家,是全国拥有国家级境外园区最多的地级市。温州在越南、印尼等国设立境外经贸联络处,引导更多国内"走出去"的企业入驻园区。提升越南龙江工业园、乌兹别克斯坦鹏盛工业园等境外经贸合作区建设水平,利用温州市特有的华商华侨资源,形成出海优势,至 2023 年,温州"三区多园"共引进超亿元项目 67 个、超 10 亿元项目 12 个。一方面为出海造势,另一方面以世界温州人大会、侨创会、温商大会等为平台,将温州的产业向全球发布、介绍,以侨为桥,促进全球温州人"四海归航"。

第四节　守正创新驱动升级

1. 用全球供应链服务全球

高层次温州华侨人才是驱动温州华侨经济迭代升级的核心要素。谋划全球供应链系统,用全球供应链服务全球,推动传统产业与高新技术融合,鼓励智能化、绿色改造,加快产业升级,这些温州当前产业发展上的新举措,需要温州华侨去思考。国内政府在这方面做了很多工作,建设创新园区,吸引华侨科技项目落地,举办创新创业大赛,鼓励华侨青年创业。政府抛出的绣球,怎么接过去,怎么样让它落地生根发芽? 这些问题归结起来,还是人才问题。

温州海外华侨企业家的梯队经历了百年的传承和迭代,结构上有了很大变化。2024 年 3 月份,我们到上海调研恭天有限公司,两位合伙人就是全球供应链服务全球的践行者。夏远力 1989 年出生于温州瑞安,浙江大学经济学管理专业毕业后到哥伦比亚大学攻读统计学专业,与浙大同班同学在美国成立平行车进口公司。过后几年,他们分别在上海和天津注册成立进出口公司,并在天津港成立研发公司。2023 年,他们前往阿联酋、沙特调研,谋划新能源汽车海外市场,建立国内汽车出口和国外汽车进口双轨道。

创业之路并非一帆风顺。2013 年创业,2015 年遭遇了汇率急速贬值的风波,从 8 月开始,美元汇率最低跌到 6.2。当时在美国给国内的客户订了很多车,他们是这个行业的上游供货商,从天津港进口供货,因汇率急速贬值,有些客户毁约,有些订单降价亏钱卖。经历这个坎,他们意识到光做最上游的供应商还不够,得往下游拓展。2016 年在上海注册公司,后来在天津注册了恭天公司,主要负责技术研发。他们在美国读书,对美国熟悉,又在美国起步,有上游采购优势和成本优势,考虑在上海注册公司,因为平行进口汽车概念最早从上海自贸实验区喊出来的,之后发现主阵地在天津港,又在天津港注册了公司,逐步完成了"采购—技改—批发—销售"的价值全链条。2018年中美贸易战,对进口汽车行业影响非常大。中国对美国生产的汽车加税,税一加,一台车成本就要增加十几二十几万,对市场打击非常大。贸易战持续了半年多,6月份开打,到11月份握手言和。那半年市场动荡,非常不好过。2019年1月1号暂时不加征关税,市场一下子复苏了。但是马上又遇到一个关卡,国内汽车排放标准从国五升到国六,新国六排放标准结合美国指标和欧洲指标,成为全球最严格的标准,导致出现这样的状况:比如从美国采购一些车,大部分指标是符合的,但由于少部分指标不符合,需要做技术整改。但在当时生态环境部制定国六的标准里,有意无意地把平行进口车这个行业给忽略掉了,就是没有细则解释平行进口汽车怎么认定,导致车到港口没法报关。从2020年7月到2021年10月,总共15个月整个行业一台车都提不出来,两万台车全部积压在天津港。

前些年,大排量的进口车加价特别厉害,原因是只能从4S店买。国家扶持平行进口这个行业,是为了拓宽销售渠道,不光是可以从4S店买,也可以从平行进口车行买,车的价格就下来了。像这类公司不是所有的车型都会进,但是只要是他们进口的车型都会比4S店同款同配置的便宜10%—15%。这个便宜的力度很大,并且配置比较丰富,国外可以根据你的喜好和需要去定制配置。车源也比较充足,你不需要等现车,一手交钱一手提车。这一块市场过去几年一直在扩大。

国六标准出台之前整个行业一年能进十六七万辆,这一波折再叠加疫情,进口数量急剧萎缩,大部分车企垮掉。恭天公司在波折中走出困境,归结起来有两点原因。一方面经营比较稳健,确保公司现金流不断,很多车做了预售。因为中国疫情控制得比较好,比较早,2020年和2021年,豪车价格一直在涨。车到天津港报不出来,就跟下游的经销商协商,定金从原来3%提高到30%,车价低于市场价5%。当时附加了一个条件,就是交车的时间不能确定,只能等政策出来可以报关才交付。因为这条预设措施,维持了公司现金流的运转,国外采购没有停,美国公司的采购团队也没有裁员,所以时间上虽然延迟了,交车时车价涨了10%—20%,车商、客户、公司三方都获利。

二是对政策的提前研判和技术准备。他们提前成立了研发公司,专门对进口车按照国内标准进行技术上的准备。而且国五到国六转型期间,专门研读标准,到生态环境部与相关人员做技术上的沟通,因此比同行提前一年半报关成功。这一步很重要,得益于他们学识上的认知和对国家政策的把握和理解。平行进口汽车主要是五个版本,美国、加拿大、墨西哥、德国、中东,很多同行的车在天津港积压两年,甚至三年,很普遍。政策全部落地后,商业上的时间差就没有了,车商急于回款,售价踩踏,这损失很少有人能扛得下来。这五年,夏远力形容为波诡云谲,恭天公司安全着陆,并且还跨出了步子,得益于两位年轻温州侨商高学历背景,他们对市场的变化及时研判并采取应对措施。目前他们正在谋划出海计划,采取进口和出口双轨制,增加贸易的稳定性。

傅建初的胜利之星集团也是类似于夏远力这样的跨国模式,用全球供应链系统服务全球。1999 年在阿联酋成立阿联酋胜利之星集团综合贸易有限公司,早期从事灯具贸易,后转型做欧洲时尚休闲百货行业。傅初建创业之初,对贸易定位就有远见。他将研发中心设在欧洲和阿联酋,运营中心设在中国大陆,先后在米兰、迪拜、纽约、巴塞罗那、东京、新加坡、中国香港、义乌等地开设旗舰店,根据供应链和消费地域的因素,设立意大利胜利之星集团有限公司、西班牙欧洲胜利之星集团有限公司、日本胜利之星集团株式会社、香港胜利之星集团综合贸易有限公司、义乌赢星供应链管理有限公司、义乌赢星电子科技有限公司、阿联酋胜利之星集团有限公司、坦桑尼亚胜利之星有限公司、乌干达胜利之星贸易有限公司、印尼胜利之星贸易有限公司等十余家子公司,通过海外市场传统贸易、意大利品牌国内外加盟连锁、电商自建平台等三驾马车,整合全球各地四千多家供应商资源,全球商家协同量产,实现全球一站式智能采购。同时依托中国制造业的领先优势以及庞大消费潜力市场,用国际贸易的方式,缔造营销服务及电子商务平台,实现品牌和商品在世界范围的流通,成为新零售的布道者。

普拉托制衣市场温州华侨的制衣量虽然占比 95%,但基本是给人家贴标签。温州一位华侨从世界大品牌做法看到品牌价值,就花大笔钱买下一线品牌,在全球寻找衣服代加工厂,他自己不做,带着设计团队在全球寻找工厂,将收购的品牌输出到世界各地。代工厂设在阿根廷、东南亚、普拉托、乌干达、墨西哥、马来西亚。每年发布会放在米兰,将全球客户邀请到米兰,实现全球供应链服务全球。

2. 拥抱新科技

温州瓯海籍企业家宋胜仲的创业史代表了新生代华侨的创业新趋势。1984年,宋胜仲出生于瓯海,5 岁被父母接到意大利,在普拉托、米兰等地读完 15 年基础教育课程,以优异成绩获得博科尼大学企业经济学学位,综合管理硕士学位。毕业后,宋胜仲相继到战略咨询(Value Partners)和投资银行(Fante Group)工作,常到意大利和欧洲相关企业调研考察,帮企业分析数据,也参与一些公司并购工作。2013年,宋胜仲看到能源行业的广阔前景,认为能源是各行各业、各种不同人群的必需品,就与同样毕业于博科尼大学的瑞安华侨金马克合伙创立了华力能源(China Power)。宋胜仲认为西方文化讲个人,讲自我,不讲团体,不讲community(社区)的概念。中国人讲团体,讲情义,走到哪里都community,喜欢聚集,重视乡情。宋胜仲认为,能源是日常生活的必需品,以能源为载体,做成community的一个能源,肯定有亮点,可以视能源为媒介,让海外华侨华人相互结识并形成community的概念,这是两全其美的事情。将公司取名为华力,也是这个意思。既然是华侨华人,用华力能源可以带来优势、方便。

华力能源总部位于意大利最核心的商业圈Porta Nuova,这里相当于上海的陆家嘴,与意大利著名建筑垂直森林、联合圣保罗银行总部不过百米距离。华力能源最初的出发点,专做华人群体,为华人服务,用华人的文化确定公司的发展路径。

宋胜仲创业初始,身边很多人包括亲戚家属不理解,好好的大公司职员不做,要去做看人脸色的服务行业。不仅要一家一家上门推销,还要被人误会,以为是骗钱。20年前,就有老外推销能源,骗过中国人,老外欺负一些华侨华人不认识拉丁语,说是能源公司的某种情况,签个字公司盖个章就可以了。实际上家里或餐馆、工厂本来是用A能源公司的,他帮你转到B公司了。宋胜仲两位合伙人在意大利出生或很早出国,读完大学,对意大利的社情熟悉,父母都在米兰或佛罗伦萨做生意,附近的许多华侨华人也认识,知道他们不是从哪里凭空跳出来的,宋胜仲就和同事一户户、一家家用中文给客户解释,华力能源具有什么优势,什么价格,提供什么样的服务。温州华侨有故乡情结,也实在,当看到了华力的价格优势、优质的服务,还有服务的速度,生意逐步好起来。海外华侨华人多数是生意人,如果一个新鲜的东西有带来好处,他们很愿意去接受。创业路子艰辛,宋胜仲团队一步一步证明了自己的选择是对的。2016年,荣获ASSOCINA商会授予的新生代华侨企业家奖杯。2019年3月,应中国驻意大利使馆邀请,宋胜仲作为意大利华侨代表共同接待了习近平总书记就"一带一路"进程的意大利访问。2021年,被米兰市政府授予最高荣誉Ambrogino d'oro(米兰守护神奖章)。

整整十周年,华力的发展路径很清晰。2013年公司创始初衷是希望能成为一家服务华人且能够辐射全意大利的新型企业,2014年针对华人群体推出中意双语账单、微信支付程序、中意能源资讯等项目,更易于让华人接受和理解,切实帮助客户解决各类问题。2016年成为CHINA POWER SPA,即华力能源股份有限公司。

2017 年 PRATO 分部成立,深耕意大利中部市场,华力能源服务范围覆盖全意大利 20 个大区。2018 年成立 COPOWER 分公司,为意大利本土大型企业、小区物业、连锁品牌等提供电力、天然气等服务。2019 年华力能源法国分公司成立,正式进军法国能源市场,开启跨国业务。2020 年在米兰华人街开放线下体验店,提供能源咨询、保险、账单缴纳等便民服务。2021 年开设新能源汽车服务,为客户提供新能源电车购买、租赁、充电桩安装、BONUS 申请等服务。2022 年成立罗马分部,在罗马市中心开设线下店,为意大利中南部客户带来更多的便利。2023 年建设太阳能发电站,为推动清洁能源发展,2022 年在 Abruzzo 大区 Cermignano 建立太阳能发电站,并开始为客户提供太阳能安装服务。

作者与宋胜仲在米兰华力能源集团合影

宋胜仲总结集团发展历程,主要有两个原因。一是具备了温州人的创业精神。肯吃苦。从小跟随父母在海外创业,酸甜苦辣都经历过。二是父母对教育重视。

不管多累,父母也不会让他们翘课,一定要他和妹妹读到大学毕业。

宋胜仲从舒适稳定的生活圈跳出来,进入新兴的产业领域,当初的想法想把身上最好的东西能够用出来,想想自己读过博科尼大学,又有大公司经历,将西方和东方文化融合在一起,去做新的东西,这样或许更有意义。

2019年,英国《金融报》给华力颁发了一个奖,认为华力能源集团是全欧洲发展最快的一家企业,在欧洲排到了236名。这十年,华力能源集团遇到最大的挑战,就是疫情。华力商业模式是先付钱给能源公司,就是供应商,一个月后或两个月后,客户再付费。疫情发生后,三个月街上没人,华力的资金链就断了。他们只能通过银行缓解供需矛盾。熬过疫情危机,又遇到俄乌战争,能源的价格翻了三倍,利润并没有增长。以前支付供应商价格1元,给客户1.1元,现在供应商价格涨到3块,给客户价格3.1元。像银行利息一样,差价是固定的。幸运的是他们闯过了难关。之前能源公司多,两场危机叠加后,很多不良公司倒闭,剩下来的是比较健康的、有实力的能源公司。这对于华力能源来说,恰是好事。2024年,公司发展的速度比前几年更好,因为市场更成熟了。

宋胜仲在意大利能源协会会议上谈到华人能源用量数据,震惊了在场很多人,想不到意大利华人能源用量那么大。之前各个公司分散掉了,没有引起注意,现在华力把散沙聚集起来,就成了新模样。

宋胜仲与合伙人当初创业做能源供应商,既是为海外华侨华人提供更好的服务,也是要带动温州新生代华侨创业,创造一个共同的声音和舞台。宋胜仲说,他们这一代人因世界的变化而变化,每一天都要面对新事物。同事之间聊天会说意大利文,也会说温州话、普通话。一种新的东西存在,就是一个证明,文化一直在不自觉地融合,华力的团队很年轻。当初创立的时候,大多数还没有结婚,都是二十几岁,十几年过去了,也都接近40岁了。90后、00后的温州华侨华人也进来了,血液总是在不断更新融合。

确实如宋胜仲所说,这次我从巴黎到德国,到荷兰,再到意大利,采访了32位80、90、00后的新生代温州华侨,与我2016年、2018年欧洲采访不同,看到很多变化,温州华侨在海外创业,从时间上看并非长远,80后的这批新生代华侨才算真正意义上融入了欧洲。从事的行业也发生巨大的变化,宋胜仲、李万春、郑帆这些新生代温州华侨,代表了温州华侨未来行业的新趋势。

3. 现代新零售

传统零售是人找货,B2C电商则是货找人。便利店、大卖场都是有形的场,让人能快速找到货,电商平台是无形的场,让人在移动终端就可以完成对商品的选择。新技术的迭代升级使得人和货之间的信息传递发生了重要变化。支付技术、大数据、互联互通移动交互、新媒体营销技术等应用使有形或无形商品场域发生重大变化。

轻工业在温州华侨华人中属于占比比较高的行业。第二次世界大战前,瓯海区丽岙镇旅法华侨281人,其中仅有5人开设小型皮革作坊。战后,温州旅欧华侨利用医治战争创伤的有利时机,大力发展传统的皮革业。据1987年底统计,瑞安、瓯海两县区在法国、意大利、荷兰开设皮革工厂就达398家。20世纪90年代初期,温州皮革鞋业崛起,也带动了温州华侨在海外皮革鞋业的行业振兴。一些皮鞋、服装、皮包作坊使用低廉的新移民工人贴标生产,以低廉价格占据市场。进入21世纪后,温州本土制鞋、制衣业在设计、质量等方面大幅度提升,皮鞋知名品牌商标有奥康、康奈、红蜻蜓、蜘蛛王、意尔康、斯凯奇、骆驼、百丽等,服装知名品牌商标有报喜鸟、夏蒙、庄吉、法派、乔治白、乔顿、森马、高邦、拜丽德、林中鸟、华士,还有女装品牌雪歌、飘蕾、傲丝度、佩娜、艾叶文化、梦奴娇,温州轻工业崛起,加入WTO后,温州鞋、服装以更为低廉的价格进入欧洲市场,许多温州华侨转向国内产品贸易,或将从中国大陆进口的商品更换品牌进行分销。部分华侨将生产工厂搬回温州,或国内广州、东莞等地,关闭了一些海外工厂或作坊。

20世纪80年代前出国的温州华侨多数学历不高,缺乏专业知识,职业选择余地非常有限,在温州华侨创办的餐馆、服装工厂、店铺打工很普遍。积攒一定资本,经营同样的行业成为老板,这是绝大部分温州人移民海外的梦想。温州华侨移民海外,多数是负债出海,"赚钱"是第一要素。我在米兰、普拉托、佛罗伦萨考察服装裁剪工厂、皮鞋工厂、餐馆,发现温州华侨的店铺基本是计量发放薪酬,工作超过十小时是常事,很多工厂的经营方式和生产设备明显落后于国内。

随着华侨经济的逐渐转型,新零售业兴起,成为温州华侨经济新趋势。温州华侨逐步建立跨境市场,利用国内数字经济技术优势,打通国内国外进出口贸易上的互联互通桥梁,发挥"1+1>2"的优势,成为温州华侨的新经济。我在采访期间,看到不少类似于国内综合体商场的大型华人超市,一改过去占地几百平米、一两个收银员的便利店,而扩展到现在占地数万平米、十来个收银台一字排开的现代超市,一些接受过高等教育的侨二代、侨三代引进大型连锁店的先进管理经验和现代企业化的经营方式,向集团式、连锁式、多功能、多元化的方向迈进,这是温州华侨经济的新动态。

温州华侨李万春属于意大利新生代华侨零售业的代表。2005 年,20 刚出头的李万春在 Lecco 开设第一家 130 平方米的服装店。2006 年到 2011 年,这是他的初创期,第一批商店在 Lombardia 开业,经过 6 年的摸索、实践,并到中国上海、北京、杭州、广东等地学习新零售业的发展模式,Max Factory 集团将经营的焦点聚集于服装和百货领域,以"最有用、最方便、最时尚"作为产品的采购标准,建构了 Max Factory 集团的组织模式,以所有业务流程的效率为基础,使成本得到控制,从而通过降低销售价格转化为客户利益。Max Factory 通过清晰、有组织且有计划的产品展示让顾客可以轻松选择商品。20 年的创业历程,在意大利北部 6 个地区创建 36 个中大型销售区域,商超面积 12 万平方米,超过 1500 万次入场记录,积累了 17 万张会员卡。

Max Factory 集团走的路径一个是时尚,一个是性价比。商超全部是厂家直销,最低的价格定价,最低的价格卖出去。品牌的选择工作当中,不做高端,也不做最低端,定位中等阶层的意大利客户群。意大利人对生活讲究,制造业一直很发达,在直采的 120 多家供应商里,大部分是意大利或欧洲著名企业,在考察 Max Factory 商超发现,厨房区、家具区、生活用品区是其中主打区,以意大利品牌为主,货架上的产品十分齐全。宠物区全部是厂家直销品类,非常齐全。五金区、汽车区只选了某一个品类当中比较适合家庭的,太专业的东西就不做,食品区主要从中国直采,因为意大利这块已经很成熟,起步很高,没有竞争上的优势。智能区域则做了飞利浦等国际品牌系列。还有洗涤区、个人护理区、家居区等。Max Factory 集团的百货商超分为 1.0 版本和 2.0 版本,1.0 版本管理团队和员工都是中国人,2.0 版本完全是意大利人。

从老一代华侨的传统百货到 Max Factory 集团化新零售模式,李万春用 20 年时间进行了迭代升级。不管是新零售还是旧零售,客户数量、客户数量增长率、频次、客单价、交易转化率、流程效率、客户自发分享率、营收增长率、库存周转率、现金流周转率、人效、平效、毛利等指标,都是最关键的指标。其中线下流量转到线上,是需要新技术来具体实施的,线下零售结合技术,可以像电商平台一样,精准监测关注人数、到店人数、体验人数、交易人数、分享人数,然后反馈到零售经营层面。从传统单一销售模式到新技术迭代升级,重点是客流、商品、订单、支付和会员 5 个核心商业要素的数据化,这种数字技术在国内已经很成熟,但在意大利不同地区完全更新换代,还是有很多问题难以解决,但新零售的演化和迭代却是不争事实。国内的数字经济已走在意大利、西班牙、匈牙利等欧洲国家前列。李万春等年轻一代

作者与李万春在米兰 Mac Factory 集团合影

温州侨商身处瞬息万变的科技时代，正在追求专业化经营管理的未来之路。Max Factory 组建的团队已将数字技术充分黏合，温州人的商业前瞻性以及对行业发展趋势的研判，总是下了先手。

薛季宣认为："国之安危，存乎相，相之失得，存乎谋。有一定之谋，天下无可为之事。"[①]永嘉学派贯通内圣外王，薛季宣把"谋"提高到"有一定之谋，天下无可为之事"的程度。在消费升级的大背景下，坚持技术创新与设计创新，十分重要。顺势而为，方为正途。国内零售行业的发展瞬息万变，而国外肯定要与国内共振，至于怎么变？往哪个方向变？什么时候变？那是谁先开始，谁考虑成熟，谁就更早获得话语权。未来几年海外的零售行业也将与国内一样，进入新的"战国时代"，群雄逐鹿。原先一批温州华侨在欧洲经营传统超市、百货商店的，很多已经关门，或改行，或另谋出路。数字化经济正在催化全新的商业模式，线上线下互动的经营模式是大势所向。时代已经变了，村村通高速公路，村村接入数字空间，如果还是鸡毛兑糖，还是鸿雁传书，被淘汰只是迟早的事。温州华侨应该把握住数字经济技术，及时转型，"谋定"服务业的优势地位，并与国内国外的轻工业发展相结合，做大做

①　薛季宣.再上张魏公书[M]// 薛季宣.浪语集(卷二十).《钦定四库全书》本：21-22.

强现有的企业和产业,以取得未来竞争的优势地位。

4. 从代加工到收购品牌企业

国内经济发展很快,各种产业结构调整也很快。一些传统行业,比如说餐饮、服装鞋子、箱包、零售、皮革、药品、食品等都在谋求新经济新模式。70后、80后一批华侨开始布局新经济领域。国内供应链完整,技术人才数量增长快。每年新毕业的工科生超过100万。在米兰考察温州华侨潘颂勋的企业,2006年,他在米兰买了一家做席梦思床垫的传统企业,2015年,潘颂勋收购意大利百年品牌企业BK 51%的股份,走高端路线。这家意大利企业创办于1927年,潘颂勋收购后,从德国、中国引进设计团队,一边扩大生产,一边研发新品牌。收购兼并需要一大笔钱,潘颂勋舍得砸钱,如果做高端品牌,不砸钱肯定不行。经济发展快,人心浮躁这样的现象在所难免,欧洲企业百年以上的历史并不少见,而温州则很少。在欧洲时间久了,思想也逐渐转变,经历了十年的磨砺,潘颂勋又收购两家意大利中低端企业。潘颂勋原来产业主要立足意大利本土,偏向高端,主要是床垫、软床、沙发床这三块,利润稳定。新收购的两家企业分别做床垫和行军折叠床,产品主要投放沃尔玛、Costco这些知名的平台,原材料从国内佛山采购。考虑到美国对意大利高额关税,他在芬兰再收购一家工厂,这家公司也有60年历史。芬兰工厂的加工模式和鑫尔泰跨国加工模式相似,半成品从意大利过去,在芬兰组装。美国方面的销售委托给新加坡的一家中国团队,潘颂勋提供产品的数据和样品,新加坡公司以利润提点方式合作。

国内材料采购→意大利设计生产销售→芬兰代工→新加坡销售网络,潘颂勋的公司实现了跨国化布局,也最大程度控制了成本和投资的风险。现在花大力气在做的就是建立自己的跨境电商平台。国内数字经济发展迅速,技术人才富裕,正是输出的好时机,BK借国内国外的不同需求,逐步以双向驱动方式培育品牌,既有国际视野,也隐含事功学说的弥纶通变。

5. 整体化商业生态系统构建

美国经济学家丹尼森把经济增长因素分为两大类:生产要素投入量和生产要素生产率。关于生产要素投入量,丹尼森把经济增长看成是劳动、资本和土地投入的结果,其中土地可以看成是不变的,其他两个则是可变的。关于生产要素生产率,丹尼森把它看成是产量与投入量之比,即单位投入量的产出量。要素生产率主要取决于资源配置状况、规模经济和知识进展。

丹尼森运用 1929—1982 年间美国国民收入的统计数据,从知识进步的因素解释了技术进步对经济增长约三分之二的贡献。丹尼森所说的知识进展包括技术知识、管理知识的进步和由于采用新的知识而产生的结构和设备更有效的设计在内,还包括从国内和国外的有组织的研究、个别研究人员和发明家,或者从简单的观察和经验中得来的知识。丹尼森所谓的技术知识是关于物品的具体性质和如何具体地制造、组合以及使用它们的知识。他认为,技术进步对经济增长的贡献是明显的,他强调管理知识的重要性。管理知识就是广义的管理技术和企业组织方面的知识。

温州华侨经济已逐步向新经济发展。知识进展因素中的技术进步和管理模式的创新是增强华侨经济内驱力的重要抓手。西班牙温州总商会会长杨志产 1998 年到马德里从事传统贸易,近些年,他陆续参加当地政府组织的清华大学、复旦大学经济管理研修班学习后,洞察到中国乡村蕴藏的巨大发展潜力,决定投身于乡村建设和振兴,将华侨经济的潜力转化为促进地方发展的动能。他到美国、新加坡、阿联酋、越南、中国香港等地考察之后,结合海外资源与本土文化,打造"澳茶"文旅项目,这是华侨经济在乡村振兴领域的创新性尝试,旨在推动地方经济发展。

杨志产出生于温州著名侨乡桂峰,老家"浙南第一高峰"金鸡山海拔约 1320 米,生态资源丰富,旅游资源得天独厚,吸引了省内外许多年轻人前来登山、露营、观赏日出。然而,金鸡山位置偏远,处于未开发状态,缺乏专业管理和统一规划,也缺少相应的旅游设施。2022 年,杨志产谋划乡村新经济业态,联合多位关心家乡发展的新乡贤和华侨,与市政府紧密合作,以文化旅游作为一个融合和展示的平台,构建具有全球视角的商业经营架构。"澳茶"文旅项目改变过去单一的追求盈利的商业模式,演变为一种生态盈利 Costos 商业模式。2023 年 9 月,瑞安市政府招商引资代表团访问西班牙,杨志产作为主要的投资者,与市政府签订了"澳茶·云顶日出度假区"高端农旅项目合作协议。这种新兴的经营模式注重流量的积累和长远价值的创造。项目通过构建一个多元化的服务和产品链条,形成互相支撑、相互增值的商业生态系统,从而实现整体效益的提升和盈利能力的增强。项目以用户体验为核心实施会员制度,构建一个稳定且忠诚的用户基础。通过提供多样化的服务和产品来满足会员的各种需求,增加用户对项目的依赖度和黏性。商业基本模型构建后,将与其他商业实体建立战略合作伙伴关系,共同分享资源、实现优势的互补。为了保持服务和产品的新鲜度与竞争力,项目会持续推出新服务和产品创新,灵活应对用户需求的多变性。这种快速响应市场变化的能力,将使项目始终保持活力,不断为用户创造价值,同时推动整个商业模式向更加成熟和高效的方向发展。

该项目计划分五期实施,依托金鸡山的自然资源,结合侨乡特色和华侨资源,打造一个综合性旅游目的地。第一期计划建设一座欧洲风格的休闲度假小镇,包括度假村、酒店、休闲广场等设施,引入西餐厅、咖啡馆、进口商品店等,展现侨乡特色。后续规划还包括溪谷探险、金鸡山云顶日出酒店、桂峰林场特色户外营地、半山星空酒店等项目,旨在成为瑞安的城市后花园,为侨胞提供回乡后的落脚点,助力乡村振兴和共同富裕。

经济学上把建立解释技术进步的模型,使增长率内生化的理论探索称为内生增长理论,技术进步和组织管理创新是驱动经济增长的触发点。知识是经济生产中的一种重要投入,无论是用它来生产产品与服务,还是用它来提供新知识。如果把知识看作一种资本,与通常意义下的资本相比,假设知识表现出收益递减的性质就不太合理了。实际上,过去几百年来科学与技术创新增长的速度使一些西方学者认为,存在着知识收益递增。如果接受知识是一种资本的观点,那么,假设资本边际收益不变的内生增长模型就更合理地描述了长期经济增长。[①]“澳茶”项目打造一种去中心化和自主管理的企业文化,这一文化的核心理念是将每位员工塑造成具有企业家精神的领导者,让他们对自己的工作成果和业绩承担全部责任。这是杨志产到越南考察后获得的启发,也是他作为新一代华侨经济探索者的创新行为。在体系构建中,杨志产提出将每个员工或小组都将转型成为一个独立的运营单位,获得决策权和自主性,可以自由地制定策略、规划发展方向,并负责实现自己的商业目标。这种模式改变了传统的上下级关系和绩效评估体系。员工的绩效考核不再仅仅基于完成上级分配的任务量和质量,而是基于他们如何有效地管理和促进自己“微型企业”的增长,以及他们的努力如何对企业整体目标产生积极的贡献。这一绩效评价机制的变革,无疑将激发员工的创新精神和主动性,鼓励他们在工作中采取主动、创造性地解决问题,并为公司带来可量化的成果。

守正出新,这是事功学说重要的义理。无论是做贸易还是办企业,去把握信息,跟随时代走创新道路,从来都是商道永恒话题。向管理要效益,向管理要质量,向管理要发展。中央提出发展“新质生产力”思路,把数据作为一种生产要素提出来,在这个点上,温州华侨尽早谋划并落地提升,非常必要。

---

① 西方经济学编写组.西方经济学(第2版)[M].高等教育出版社,2019:273.

6. 创新和品牌创建

对于新质生产力一个粗浅的理解,就是说新质生产力提出了一种针对生产效率的方向,是从量到质的方向。德鲁克的管理与实践八大目标中,其中一项目标就是生产力。要素的投入一定要产生价值,我们已经进入充分竞争时代,粗放型经济不再适应未来经济的发展,温州华侨经济必须创新和转型。如何去理解新的生产力?如何去提升和改善生产要素的优化组合,从而提高生产要素投入的产出比?这就是温州华侨经济需要聚焦创新和转型的关键。创新一定意味着风险,意味着不确定,创新有可能会失败。温州华侨要在百年变革大局中闯出新的天地,就要秉承敢为天下先的文化,导入新的要素,补充新的机制,做更多的探索,那我们就要有战略的定力。

国内外一些经济学家认为中国经济从 1978 年到 2023 年已经持续了 45 年的高速增长,这在人类经济史上不曾有过。日本、"亚洲四小龙"等国家和地区 8%—10% 的经济增长奇迹也就维持了二十年。日本经历了近三十年的经济滞涨,2012 年底安倍晋三上台后,强势要求日本央行配合发钞,实施系列刺激经济政策。2013 年 1 月 11 日通过了总数 2267.6 亿美元的政府投资,在政府负债余额已超过 GDP 200%,大规模的政府举债支出,高于全世界任何一个发达国家的情况。最后是日元贬值政策,自 2008 年 9 月金融海啸爆发至 2012 年 12 月,日元相对美元升值 23.62%。

宽松的货币政策、积极的财政政策和结构性改革,"安倍经济学"三支箭射出去,对经济并没有起到多少帮助,根源在于日本步入老龄化社会后,居民消费意愿不强,难以刺激内需。即便日本政府执行了负利率政策,但老龄化群体在没有未来收入预期的情况下,也不会取钱去投资冒险,他们要保证生活水平就只能把钱存起来,尽可能压缩消费。人口红利消失、社会结构趋向老龄化、创新科技之路前有标兵,后有追兵,国内经济面临很大挑战,不创新,不求变,肯定难以突围。

温州奥光动漫集团 2010 年前全部是做出口,到 2023 年,出口市场已压缩到 30%。现在德国的公司团队也是一再减员。供需不平衡,供大于求。经济在转型,企业也在转型。对于很多企业来说,转型很难,是迫不得已要做的事,而且转型过程也非常漫长。中国是全球最大的玩具市场,20 世纪 90 年代,奥光主要以家庭小作坊为单位进行玩具生产,利用侨乡优势,开始给国外代加工,贴牌生产。

2000 年开始,日本、欧美动画片进入中国市场,对国内玩具市场产生重要影响。奥光动漫集团嗅到商机，开始尝试企业转型升级，把动漫文化、IP文化作为玩具产业转型升级的发展方向之一，走"玩具＋动漫""玩具＋IP"的发展模式。开始谋划由代工向自主品牌生产转变之路，海外订单也源源不断。2010年之前，奥光集团百分之百产品是出口的，不过出口的玩具产品原来是贴牌的。贴牌产品很难体现企业文化，附加值很低。奥光集团董事长林学凑对中国传统文化有较深研究，到美国、日本、德国、意大利等国外企业考察市场回来，就考虑重新定义集团发展战略，创建属于文化标签的玩具品牌。创自主品牌必须有自己的研发，自己的渠道。民族的才是世界的，文化要赓续生发，需要推动新一代信息技术与传统产业跨界深度融合，向数据化、智能化延伸。原来做贴牌产品，赚多少钱基本上稳定可控。重新走自己品牌的经济模式不一样，增加了很多不可控的风险。奥光集团是下得了决心，看得远的。林学凑深知市场瞬息万变，要及时跟上全球化节奏，在行业里你不深耕就会落伍。他们现在仅仅研发团队就有一百多人，2023年，疫情余震尚未完全消退，一年两三个亿的销售额，研发投入就达到两千多万，占比超过10%。

这个转型之路是痛苦的，但也是充满希望的。奥光集团研发团队成员构成主要有三块：一是与社会上品牌设计师签约整合；二是与高校合作，购买在校大学生创意和设计稿，年轻人创意性更强；三是举办高级别设计大赛，促进研发，发现人才。由奥光动漫集团与瑞安市委宣传部、中国版权协会联合举办的全国设计大赛，让奥光集团发现很多人才，签约了好几个。奥光产品的类型主要是中国文化元素产品体系。现在有三个品牌，特宝儿系列是从中国传统文化汲取灵感，适合三岁以下儿童的益智玩具产品，每年有几千万销售额，已经开发到第三代。针对5—12岁开发的机器人编钟，是根据美国斯蒂姆教育理论研发的AI系列作品，也在国内外市场引爆。现在以"猫"为主元素，全力打造两个IP，这两个IP针对高中生、大学生和年轻人的生活特点研发，设计团队平均年龄不到30，了解当代年轻人生活状态，奥光动漫集团董事长林学凑告诉我们。年轻人压力很大，竞争激烈，精神生活又相对枯燥。一个好大一座猫猫山，还有一个是三千猫院，都是以猫作为IP。围绕猫元素开发了系列产品，比如猫的食物，以猫为原型的潮流玩具，以周为单元，7个系列产品，不同形状不同颜色，相当于电子产品。猫的生活起居系列，猫与人一样的衣食住行系列。林学凑老家在温州瑞安市林川镇，海拔四五百米的山峦上，有个名叫燕子坞的村庄，林学凑带领研发团队设计开发了好大一座猫猫山寨叠加网红咖啡。燕子坞打卡地开发吸引很多海内外年轻人前往。

查理·芒格在2008年8月的《杰出投资者文摘》中称："你必须记住，大多数小企业将永远也不可能成长为大企业,这是事物的自然本质。大多数大公司终将陷于平庸或更糟的情形,这也是事物的自然本质。因此,这是一场艰难的比赛。"用这句话来描述温州华侨经济的文化窘境,同样适合。转型之路确实艰辛,但不转型难免会被市场踢出局,办企业创新是第一要素。林学凑说,温州企业不像欧美,奥光产品出口德国、法国、意大利、美国等欧美国家和东南亚国家,也与不少欧美企业有深度合作,很多欧美企业能够百年常青,就是因为很早建立了现代企业管理制度。奥光从2010年起谋划转型,规划全新战略布局,从全部出口调整国内国外联动,将玩具产品从幼儿扩大到年轻大学生的长链条,契合了中国经济从传统向新兴产业转轨的路径。

第五节　全球化与区域合作深化

黄奇帆把21世纪初的中国加工贸易形容为"只长个头不长肉",意思是说贸易额看上去很高,而实际增加值较低。2010年,中国工业规模达到世界第一,但其中40%—50%是加工贸易,这些产品的科技含量低,核心东西少。加工贸易的特点是从国外进口原材料和半成品,然后在国内进行组装出口。举个例子,在价值1000亿美元的出口产品中,其中高达800亿美元的价值来自进口的零部件、原材料、半成品,经过加工组装再卖往国外。加工的过程中还要计算水电气消耗以及其他抵扣,而企业的利润、职工的收入以及国家税收等合计,仅占贸易额百分之十几。经过二十余年扩链、强链、补链,工业结构上有了巨大的转变,到2023年,6万多亿美元进出口产品中,中国自己的产业链集群制造的东西占到了70%,加工贸易比重已从50%降至20%以内,农产品或地下挖出来的原材料占10%。我们拥有了全世界最大最完整的产业链。

随之而变的是原有加工贸易模式发生很大改变,原来在东莞等沿海一带的国外加工产业转移到东南亚和北美,国内一些加工产业转移到东南亚、非洲、南美等其他国家。目前,东南亚地区占据超过50%多的加工贸易份额,也是两头在外,一端从中国进口原材料、零部件、半成品,加工完成则出口到欧美市场。很多温州华侨早就顺势而为,紧密融入全球供应链、产业链,借助"一带一路"等倡议,加大与共建国家合作,开拓新市场,形成海外生产基地、贸易网络。

1. 形成跨国连锁加工模式

温州瑞安莘塍街道东新工业园区有多家侨资企业,这里的侨资企业多数属于中俄跨国连锁加工企业。形成这种跨国的连锁加工模式,缘起于温州华侨蔡建林。1997 年蔡建林到俄罗斯从事贸易,发现销往俄罗斯的鞋子中俄关税差异大。20 世纪 90 年代初苏联解体后,俄罗斯各地商品供应极为紧张,为鼓励进口、简化海关手续,俄罗斯海关委员会允许所谓的"清关"公司为货主代办进口业务,提供"包机包税""包车包税"或"包柜包税"等"一站式"服务,货主只要向"清关公司"缴纳一笔费用,"清关公司"就会把所有俄罗斯海关报关手续办好。

多年来,俄主管部门对"灰色清关"睁一只眼闭一只眼。事实上,俄政府也清楚"灰色清关"的弊病所在,但迟迟没有采取措施。2000 年,俄罗斯从"大公"和"三条鲸鱼"两个最大的家具城,查出从德国、意大利、西班牙等国走私进口的欧洲家具,涉案金额高达 2000 万美元以上,牵扯人员分布在俄联邦调查局、内务部、总检察院、海关总局等强力部门。2005 年,俄警方在莫斯科舍列梅捷沃机场海关截获以网球和地漏盖名义报关的大批走私手机和电脑配件,总货值超过 1000 万美元。据悉,该走私网所供手机占俄整个手机市场的 65%。俄罗斯掀起了取缔"灰色清关"的风暴。

在风暴来临之前,蔡建林就已经在考虑如何适应未来对俄贸易规范和合法化的问题。鞋企半成品正规通关到俄罗斯每双鞋成本在 1 美元左右,而成品鞋高达 4 美元至 8 美元。轻工产品从国内运送到俄罗斯最快需两个月时间,慢则三至五个月。如果在俄罗斯本土建厂,国内外总运输时间在三周至四周左右,抢占了时机、商机。2001 年,蔡建林首创跨国连锁加工模式,在俄罗斯本土创办鞋厂——鑫尔泰鞋业有限公司,注册生产俄罗斯"AOWEI"商标鞋子,这是中国第一家在俄罗斯本土建厂的企业。2002 年,俄罗斯莫斯科开出第一家"AOWEI"鞋子批发门店。鑫尔泰的半成品生产基地在温州,成品生产基地在俄罗斯,鑫尔泰的跨国连锁加工模式是"国内生产半成品(或原材料)→低关税出口到俄罗斯→合作区组装成品→销售到俄罗斯或第三国"。这种跨国连锁加工模式有效降低生产成本,规避了俄罗斯"灰色清关",实现了原产地多元化,最大限度提高企业的经济效益。

蔡建林考虑到走出去的中国企业在境外单打独斗难成气候。2006 年 9 月 19 日,鑫尔泰集团联合黑龙江省吉信集团与康奈集团共同投资建设乌苏里斯克经贸合作区获商务部批准。合作区位于俄罗斯远东滨海边疆区乌苏里斯克市麦莱奥区,规划占地面积 228 万平方米,建筑面积 116 万平方米,设有生产加工区、商务区、物流仓储区和生活服务区,引进 60 家国内企业,重点发展轻工、机电、木业等产业,重点引进鞋类、服装、家具、木业、建材、家电等制造型企业,合作区对入区企业

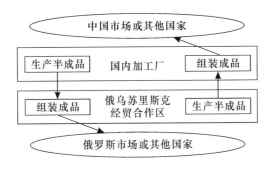

鑫尔泰集团的跨国连锁加工模式

进行综合管理,并提供工商、缴税、卫生、治安、金融、货物通关、劳动大卡办理、驻外人员出入境等方面的服务。乌苏里斯克经贸合作区立足黑龙江和浙江,面向全国招商,对象是以中国国内中小企业为主,选择与俄罗斯有贸易往来或对俄罗斯市场有信心的国内企业,利用俄资源进行深加工,产品销售到俄市场或出口到其他国家市场。

合作区设有专门的清关公司,免费接收半成品货物,免费提供仓储服务,低关税出关运送到园区。为入区企业合法生产办理一切相关手续,包括商标注册、企业注册、工人劳务签证、质检、运输证明、平汇、安全保卫等系列服务,做到生产活动合法安全,提供一站式、保姆式服务。合作区在莫斯科注册有销售公司和库房,为企业合法销售提供安全保障。建立后勤保障措施,包括食堂、宿舍、医疗、超市等。为入区进行国内外联络,争取国内外政府支持。合作区负责为入区自建厂房企业,办理土地征用、规划设计等相关手续和"六通一平"等基础设施配套。

乌苏里斯克经贸合作区内的企业在俄境内注册了生产厂家、商标、销售公司,有效规避了风险,为中国企业走进俄罗斯市场搭建了理想平台。

考虑到物流成本以及俄罗斯地理状貌,2018 年,蔡建林牵头俄罗斯远东地区温州商会启动抱团发展项目叶卡捷琳堡"一带一路"工业园。园区占地 7 万平方米,生产车间 4 万平方米,员工宿舍 1 万平方米。目前已有瑞安鑫尔泰鞋业、瑞安赛马鞋业、永嘉登达士鞋业、俄罗斯东方彩印包装厂及当地 2 家制造企业入驻园区。

而侨资企业浙江洲一铝业有限公司与鑫尔泰发展之路不同。姜捷出生于温州市鹿城区。大学毕业后,2002 年到迪拜创业,从搬运工、安装工、司机、服装销售,到开家具店、办沙发工厂、成立铝塑板厂,他一边学习经验,一边不断寻找新的商机,经过十多年的艰苦奋斗,在迪拜陆续成立4家公司。如今,姜捷的阿联酋板业制造集团已经成为中东地区规模最大的新型板材生产企业之一。温州市委、市政府提出"温商反哺家乡、项目回归、资金回流"的号召,2018年,姜捷响应号召,回国创办了浙江洲一铝业有限公司。公司位于鹿城藤桥,总投资10.75亿元,总占地面积150亩,建筑面积10万平方米,是鹿城区的重点回归项目。公司主打的"阿联酋高分子幻彩新型板材生产制造"项目作为高新技术战略性新兴产业,被定为鹿城区省"152"项目。该项目采用的新型板材生产线,是国际顶尖的生产设备,生产的0.016毫米涂层铝箔卷,是全球第一薄。产品在中东地区的市场占有率达70%,并远销美洲、欧洲、非洲且辐射全世界。该项目于2021年底正式投产,一期占地约53亩,总投资5亿元,年生产能力为40000吨,年产值将高达10亿元,税收6500万元。公司聘请了100余名海内外高级人才,并为藤桥当地提供100多个就业岗位。打通国际国内两个市场,这是侨资企业独具优势,一加一大于二,在全球化时代,侨资企业蕴藏无限潜力。

类似于此的跨国加工企业现在为数不少,像非洲、东南亚、南美洲等不少温州华侨,都采取这种经济模式,最大限度地减少关税,提高产业利润。

2. 数字技术赋能

数字经济是继农业经济、工业经济之后的主要经济形态,是以数据资源为关键要素,以现代信息网络为主要载体,以信息通信技术融合应用、全要素数字化转型为重要推动力,促进公平与效率更加统一的新经济形态。温州华侨在大变革的全球化经济共同体中要立足并稳步向前,要紧紧抓住数字经济的新产业动能,建立更为通畅的信息渠道。在阿联酋的阿布扎比、迪拜,仅仅是2022年和2023年两年,我认识的华侨就有9个,他们将贸易阵地从南美、欧洲转移到中东,主要就是从数据库分析以及抖音、短视频中获得阿联酋税率低,新兴产业贸易便利等信息,迅速改变贸易方向。

数字经济分为数字产业化和产业数字化两类。数字产业化,就是利用人工智能、5G、云计算、大数据、区块链及网络安全等形成新兴产业,关键在于直接销售数字本身(比如ChatGPT火了之后,推出ChatGPT plus服务,让会员能享受到快速响应、新功能、优先体验等特权)。产业数字化,就是数字技术赋予传统实体经济,如新基建、数字货币、工业互联网及智慧农业等。

习近平总书记去年在黑龙江考察时提出"新质生产力"概念,数字经济成为推动新质生产力的核心要素。温州华侨对商机十分敏感，"一带一路"共建国家正成为许多温州华侨新的投资热土。公共数据与社会数据融合是建立信息通畅的重要渠道。这次我们与南非温州华侨访谈，她一直带着南非客户在潮州、汕头、东莞、温岭、义乌等工厂采购。他们的信息就是从亚马逊、阿里巴巴等数据平台分析获得。亚马逊是全球从大数据中挖掘出最大价值的公司，它不仅从每个用户的购买行为中获得信息，还将每个用户在其网站上的所有行为都记录下来，包括页面停留时间、用户是否查看评论、每个搜索的关键词、浏览的商品等等，通过归集分析，实现对顾客的商品推荐、网站设计优化方案。

国内颁布的《数字中国规划》已经就中国未来数字经济之路怎么走给出答案，就是按照"2522"的整体框架布局。"2"是指"两大基础"，即夯实数字基础设施和数据资源体系（典型的是东数西算，把东部算力需求有序引导到西部，促进东西部协同联动）；"5"是指"五方面融合"，即推进数字技术与经济、政治、文化、社会、生态文明建设深度融合（就是要把数字技术覆盖到方方面面）；"2"是指"两大能力"，即强化数字技术创新体系和数字安全屏障；"2"是指"两个环境"，即优化数字化发展国内国际环境。

从2016年G20杭州峰会首次通过《G20数字经济发展与合作倡议》到《浙江省数字经济促进条例》颁布，浙江省数字经济增加值占GDP比重和数字化综合发展水平均居全国第一，数字关键核心技术提升、数据要素价值释放、数字产业竞争优势提升、"产业大脑＋未来工厂"赋能、数字消费创新引领、新型基础设施强基、平台经济创新发展、数字生态活力激发等八大攻坚行动充分激活了数据要素新价值。对于温州华侨华人而言，从消费端来说，数字化平台可以帮助需求者了解自己的偏好函数，了解在什么地方、什么时候存在有何种质量的以何种价格出售的商品；从供应端来说，数字化技术可以帮助供给者充分了解自己的生产函数，了解在什么地方、什么时候存在有何种质量的、以何种价格出售的投入要素，保证了帕累托法则[1]的有效率状态的实现。这几年，我们很多产业出现了问题，比如光伏、锂电池、新能源汽车，就是信息不完全，没有充分地从完全竞争模型去分析市场，致使许多企业盲目转型，以致产能过剩，或在竞争中被淘汰。温州华侨华人作为更特殊的经

---

[1]　帕累托法则：由意大利经济学家维尔弗雷多·帕累托在19世纪末提出，也被称为80/20法则、二八定律、最省力法则或不平衡原则。帕累托法则的核心思想是在投入与产出、努力与收获以及原因和结果之间存在着固有的不平衡关系。

济群体,世界风云变幻,更要借力数字经济,把握好信息。

信息是一种很有价值的资源,也是一种商品,类似于公共物品,可以被很多人同时利用,不具有竞争性。信息在一定程度上也可以说没有排他性:信息的最初所有者当然可以封锁信息,秘而不宣,但是一旦信息被卖出之后,他就很难阻止信息的买主再向其他人传播。但信息的价值并非普通商品可以标价,人们常常采用预期收益的变化来确定某一信息的价值。①

对于温州侨商而言,信息的不对称性往往会影响华侨经济的发展和利润空间。温州华侨分布广,各国各地政治经济状况不同,很大程度影响了信息的通畅。在讨论温州华侨经济的曲折之路时提到温州市政府在海外建立了不少海外仓,但由于信息不完全,就出现了一边是政府花了大力气,投入很多经费建成的海外仓成为空仓,另一边温州海外侨商找不到海外仓。信息不完全的情况下,影响了华侨的预期收益,增加了华侨经济的风险系数和运营成本。

信息的价值体现在减少经济主体的决策风险和失误,提高经济主体的预期收益。帕累托法则研究发现某一部分人口占总人口的比例与这一部分人所拥有的财富的份额之间具有比较确定的不平衡的数量关系,而且这种不平衡模式会重复出现并具有可预测性。也就是说,少的投入往往可以得到多的产出;小的努力通常可以获得大的成绩;关键的少数往往是决定整个组织的效率、产出、盈亏和成败的主要因素。例如在社会中,约20%的人占有80%的社会财富;在企业里,约20%的产品或服务能带来80%的收益等等。

及时有效掌握信息能够更好地帮助温州华侨在经济行为中处于有效状态,并取得更好的效益。在现实经济中,由于认识能力的限制,人们不可能知道在任何时候、任何地方发生的或将要发生的任何情况,信息常常是不完全的,甚至是很不完全的。20世纪80年代出国的温州华侨,最早从事轻工业贸易一批人,就是因为获得国内产品与欧盟等国在成本上存在巨大差异的信息,而获得巨额财富。同样的道理,我在杭州、义乌等地调研最早从事跨境电商贸易的温州华侨,他们也是通过数字科技和数据平台,生产出足够的信息并有效地配置它们。

到2022年底,温州市有跨境电商企业4566家,其中在海关备案1001家、规模以上115家。多个知名跨境电商企业相继落户温州,并与100余家跨境电商平台建立合作伙伴关系。首创性提出"公共海外华侨仓"概念,首创并评选市级优秀"公

---

① 西方经济学编写组.西方经济学(第2版)[M].高等教育出版社,2019.

共海外华侨仓"4 个,引导华侨华商积极参与全市海外仓建设。据不完全统计,截止到 2022 年底,温州市有海外仓 22 家,经营海外仓 62 个,数量增加 17 个。温州正逐步成为多主体、高绩效、好生态的跨境电商强市。

目前俄罗斯是全球电商增速最快的 5 大市场之一,阿里巴巴全球速卖通、抖音 TikTok 已全面布局俄乌市场,跨境电商市场规模 2021 年已达到 425 亿美元,买家跨境购物的平均支出是 2020 年的 2 倍、2019 年的 3 倍。中国卖家的订单占比高达 93%,几乎是全面占领。俄乌战争之前,乌克兰是欧洲电商增速的第二大国家,2019 年到俄乌战争前,乌克兰的电商卖家数量已增长 14%,平均收入增长 1.5 倍,整体利润增长近 70%。

做好跨境电商,有两个问题必须解决,就是物流和运输成本。2024 年 11 月梅德韦杰夫访华,欲将在远东设经济特区与中国展开全面合作,2022 年欧美在俄撤离的包括化工、基建机械、汽摩配、鞋服袜包等民间贸易产业,完全可由我们国内制造业特别是温州的出口企业对标占领。据海关总署统计,2022 年中俄贸易额超过 1.3 万亿人民币,同比上涨近 30%,与此同时俄罗斯和欧洲集装箱贸易大幅下降。受贸易制裁和俄乌战争、巴以战争影响,海运线路将会滞缓,欧亚大宗运输会逐步向铁路转移,国际市场会对中欧班列的运输需求持续飙升。这里以浙江的义新欧班列发展最快,目前占全国中欧班列 10% 份额,且在省内各市开行,义新欧班列温州号发展尤为迅猛,2020—2022 年连续三年发送总量(标箱)增长率分别为 60%、82.7%、138%。

温州侨商预见未来随着俄乌冲突的结束,俄罗斯民需匮乏,远东迫待开发,乌克兰战后重建,那里大量的民需基建物资都是温州的出口强项产业。温州侨商提出了基于温州现状的中俄贸易方案。一是首要打通外贸命脉畅通物流,建议谋划义新欧班列临时堆场落地温州。温州市政府明确设立专班负责,发改、交通、商务等部门和相关镇街要做好配合工作,定期定时完成指标任务,力争早日推动临时堆场项目落地,打造温州直通俄罗斯及中亚各国的中欧班列。二是发挥平台功能抢占蓝海市场,建成跨境电商产业链、侨贸国际鞋城、进口商品中心、侨贸商务大楼四大侨创基地,并投运麒麟阁、火蝶云、易达购等电商平台,建议设立服务专班统筹部门,通过调研掌握温州符合出口俄罗斯、乌克兰及中亚各国的具有优势商品和产业,通过华侨对接所在国的需求市场及其经销(代理)商;大力发展温州出口电商行业,谋划抢占俄乌及中亚各国这片电商蓝海。三是统战部门充分发挥温州侨商资源优势,通过开展侨商家乡行、海外视频推广连线等活动,做好牵线搭桥的工作,引导海外温商侨贸回归并深度参与物流班列发展。同时相关部门也要做好后续服务,确保招得来,还能留得住,树口碑。四是推动班列运营与温州进口市场培育协同发展,进一步立足自身优势,打造浙南闽北赣东进口商品集散中心的重要支点。以"侨"为"桥",依托海外华侨的资本、人才、品牌和渠道优势,全力打造更高能级的开放平台,扩大进口贸易,促进供给体系质量提升。

温州这批俄罗斯侨商的行为,很具代表性。温州海外华侨华人的举动并非凭空发生,而是在多样的具体背景中到"一带一路"共建国家,到非洲、美洲、欧洲等地开拓市场,成为"不可止、不能已"的力量,这是身怀"敢为人先、义利并举"的使命趋向。至2023年,温州市设立的境外机构已达1215家。境外机构带动温州商品出口2339.4亿美元,温州制造已稳步融入国际市场。还有一个显著特点是境外投资方式多样,投资向深层次发展。冠盛汽配公司在美国收购的生产企业和哈杉在意大利收购的生产企业,重新配置生产要素,经过磨合,相继开工生产。

1998年,温州人在巴西圣保罗创办了我国第一家境外专业商品市场——巴西中华商城。此后25年间,先后在喀麦隆、荷兰、阿联酋、英国、智利、芬兰等地创办了200多个中国商品城。为了寻找更广阔的生存发展空间,接轨国际、提升竞争力,2006年4月18日,瑞立集团正式挂牌纳斯达克资本市场,开创了温州民企在境外上市融资的先河。2023年,境外机构带动了温州产品出口482.8亿美元。这些海外市场的开拓,为温州华侨的跨境电商在全球先发建立了坚实的基础。

第六章　结论与启示

第一节　温州华侨经济的总体评价

　　进入新世纪后,全球社会经济变得更加复杂。国内国际市场的多变性,给温州华侨经济带来了更多不确定性。当下中国正处于百年未有之大变局,俄乌战争、巴以冲突、中东战争等阴影笼罩,国际单边主义、贸易保护主义、经济霸凌主义等成为全球经济的动荡源和风险点,严重冲击影响产业链、供应链和价值链的全球化布局,国际贸易和跨境投资面临风险倍增。人工智能技术的快速崛起与新一轮科技革命,加速国际产业分工的重塑和产业链分工的细化,这些新的现象给温州华侨经济带来很大的挑战。温州华侨在这样的背景下,既要迎接挑战,也要破局和突围。

　　中国作为世界第二大经济体,在全球经济中扮演着越来越重要的角色。既要引领和推动全球生产力进步,为全球经济增长贡献中国智慧和中国方案,也要以科技创新和产业升级来自我革新,提升全要素生产率,推动国内经济结构的优化和转型升级。原来很多以加工为主,或者粗放型的传统经济增长方式和发展路径,已难以适应新发展新需求。2023年9月,习近平总书记到黑龙江省调研时提出新质生产力概念。生产力决定生产关系,全球化和科技进步推动了生产力的深刻变革。新质生产力代表一种生产力的跃迁,科技创新在其中发挥主导作用。随着这场变革而来的,新产业、新业态和新模式,也势必影响海外温州华侨华人的经济模式和经济产业。同样,事功学说在马克思主义经济学原理和习近平总书记关于文化和经济的关系论述的参照中,也将拓展、延伸、创新其内在的内涵。

　　物质文明和精神文明在发展过程中相互影响。"经济社会发展越来越依赖于理论、制度、科技、文化等领域的创新。"[①]文化是经济发展的重要支撑,能够提升经济发展的质量和效益,同时,经济发展也为文化繁荣提供了物质基础和广阔空间。

---

　　① 中共中央文献研究室.习近平关于社会主义经济建设论述摘编[G].北京:中央文献出版社,2017:34.

温州华侨早期在各国从事进出口贸易,办商行、商店、侨汇钱庄、作坊工厂、水手馆、饮食店、旅馆、客栈,到现在敞开胸怀拥抱新科技新业态,逐渐告别贫穷,温州华侨经济在世界范围展现出独特的生命力和竞争力。温州华侨的经济地位和社会地位在不断攀升,从事的职业也更加多样化,经济结构也更加优良。所在国政府公务员、公司企业职员、技术员、工程师、设计师、专家、教授、会计师、律师和高层管理人员比例也不断提高,这些无不为温州华侨经济之路提供了很好的实证。

温州华侨经济要应对全球化经济的高和新,动和变,谋求一个有效的理论来指导推动温州华侨经济发展,是必要的。我们从事功学说这个哲学视域来研究温州华侨经济发展良策,这是基于温州华侨经济在现在的全球经济形势中,那是"你中有我,我中有你;相互博弈,又相互依赖"这样的现状。路越来越难走,要想之前那样快速创造财富,建立自己的经济堡垒似乎已经不可能。所以在考察了不同国家温州华侨的各类企业和经济业态后,我们提出,事功学说中"弥纶通变"的思想是创业之本,不能丢失。还要立足马克思主义经济学原理和中国式现代化的土壤,承接"经世致用、敢为人先、义利并举,弥纶通变"的根脉,主动接轨西方经济学理论的指导。亚当·斯密是古典经济学的杰出代表和理论体系的创立者,他的《国富论》将资本主义经济学发展成一个完整的体系,并将经济研究从流通领域拓展到生产领域。亚当·斯密主张自由市场,第一次提出了市场经济会由"看不见的手"自行调节的理论。自由、灵活,不循规蹈,这是温州特色,也是温州华侨能够独步海外的文化优势。今天,《国富论》中的许多学说虽然已经被后来的经济学家所突破,但亚当·斯密富有预见性的洞察和诸多明确、实用的见解还是值得我们温州华侨学习并科学融入的。

亚当·斯密在《国富论》中说:"当人民依照私利行动时,国家所创造的财富是最大的。"①这与叶适、陈傅良他们提出的"民富则国强,不与民争利"这些观点虽然说法不完全相同,但道理是一致的。过多的干预会削弱了民众的经济发展动力。永嘉学派事功学说从周行己、王开祖等人启蒙到叶适集大成而成重要学派,比亚当·斯密早了七百多年。

而凯恩斯主义经济学理论强调对商品总需求的减少是经济衰退的主要原因。因此,他提出了维持整体经济活动数据平衡的措施,以在宏观层面上平衡供给和需求。无论是反对抑末厚本还是通商惠工,允许百姓自由通商贸易,鼓励手工业发展

---

① 亚当·斯密.国富论[M].高格,译.北京:北京联合出版公司,2015:274.

和财富的自由流动,刺激消费,刺激经济的繁荣,叶适为代表的事功学说理论在那个年代就已经具备了时代性和先进性。"其源虽在而浚导之无法,则其流壅竭而不行。"①在这里,叶适强调"理财而非聚敛",主张通过合理的管理和运用资源来增加财富,而不是简单地积累财富。他认为财富的增长应该基于生产和流通的合理化,而不是依赖于对农民的过度剥削或对商人的限制。现代金融学的核心原则之一是理性预期和市场效率,即投资者在做出投资决策时会基于所有可用信息做出最优选择,市场价格能够迅速反映所有已知信息。叶适提倡的"理财而非聚敛"与现代金融学中的风险管理和资产配置有共鸣,都强调了资源的合理利用和财富的可持续增长。这些观点体现了对市场经济规律的尊重,政府善于理财,能够推动社会财富的生产及流通环节的协调运行,只有民富才是国用的源泉,充实国家财政的根本办法在于发展生产、增殖财富。

永嘉学派事功学说与西方现代经济学的共通性,从某种程度上也是温州华侨经济在寸土寸金的东海之滨这个城市一直活跃的呼应和验证。温州华侨经济跨越维度更大,经济体活跃,紧贴时代脉搏,从事功学说的角度予以阐述后,再与西方经济学理论作比较,能更加理性客观地看到文化之于温州华侨经济未来发展中的意义。事功学说强调"为国之道,在于得民",而要"得民"则须"养民、教民、治民",凯恩斯理论主张政府在经济调控中扮演重要角色,强调有效需求在经济发展中的重要性,对于温州华侨经济而言,这意味着要关注市场需求和投资需求。

看到华侨的义,保护他们的利。这样的观点从来不会错。南存辉说:"我清楚记得,在 2002 年,有一个跨国公司来找我,要拿出正泰资产 5 倍、7 倍甚至 10 倍的价格买下正泰,我经过慎重考虑,断然拒绝了。正泰创立之初的企业理念就是'争创世界名牌,实现产业报国',如果我把正泰卖了,我还如何实现回报国家和社会的理想呢?我曾经把这个事情向习近平总书记汇报过,他记在了心里,之后不止一次讲到这个故事。"2003 年 3 月 19 日,在浙江省委常委扩大会议上,习近平总书记在谈到浙江民营企业时讲起了这个故事。他说:"(南存辉)这么跟我讲:我挣的钱这么一摞子,我这一辈子加上我的后代也就只能花前面那几张。所以若是单纯为了生活,我已经不需要再挣钱了,不需要再去工作了,但我现在是为了一个事业。跨国公司出资想买我的企业,开始我动心了,后来我想通了,不卖给他。因为我现在想的是要打造一个民族品牌,这就是我活着的意义,而不是为了钱。"习近平总书记

---

① 叶适.水心别集(卷二)[M].瑞安孙氏诒善祠塾同治九年刻本:13.

还说:"浙江人是'英雄不问出身',过去是个修鞋匠,现在可以成为企业家,但是他有了金钱以后,还在做事业。所以我们要很好地总结这种品质,弘扬这种精神。"①政府可以通过制定相关政策和措施,如税收优惠、投资引导等,来鼓励华侨回乡创业投资,促进华侨经济的发展。同时,政府还可以加强华侨经济与其他经济领域的融合,形成更加完整和多元化的经济体系。

"真正的创造既尊重无序又尊重有序,过度的有序和过度的无序都是与真正的创造格格不入的。"②这句论述后现代哲学建设问题的观点也适合温州华侨经济的创生。优秀的文化带动温州华侨经济创造之路,温州人在创造经济之路上的文化基因既有先天就有的,也有后天的改善与接纳、融合、创新。叶适、陈傅良等人以事功名义固定了一个文化的概念,并非一潭静水,而是奔涌的瓯江,在泥沙俱下中聚沙成塔。不仅贡献了体量巨大,占比极高的进出口贸易经济,而且在观念、体制、文化、教育等诸多方面也做出了重要贡献。

第二节 温州华侨经济发展中的启示

南宋与晚清两个时间段是事功学说学术思想最亮的时刻,细究之下,两者有着许多共同之处。两宋时期的经济高峰,不在北宋,而在南宋迁都到临安时期。而漫长的清朝,经济高峰也不在康乾盛世,而在风雨飘摇中的晚清。著名历史学家漆侠先生曾指出:"在两宋统治的三百年中,我国经济、文化的发展,居于世界的最前列,是当时最为先进、最为文明的国家。"日本宋史学家宫崎市定认定:"宋代是中国历史上最具魅力的时代。中国文明在开始时期比西亚落后得多,但是以后这种局面逐渐被扭转。到了宋代便超越西亚而居于世界最前列。然而由于宋代文明的刺激,欧洲文明向前发展了。"宋朝的文明深深地影响了世界。

英国著名经济史学家麦迪森写道:"早在公元 10 世纪时,中国人均收入上就已经是世界经济中的领先国家,而且这个地位一直持续到 15 世纪。在技术水平上,在对自然资源的开发利用上,以及在辽阔疆域的管理能力上,中国都超过了欧洲。到了 19 世纪和 20 世纪上半叶,当世界经济明显加速增长之际,中国却衰退了。"根据麦迪森的测算,按 1990 年美元为基准,公元 960 年后(赵匡胤建立宋朝),中国人均 GDP 为 450 美元,至南宋晚期达 600 美元。而处于中世纪黑暗中的欧洲,仅为

① 中央党校采访实录编辑室.习近平在浙江(下)[M].北京:中共中央党校出版社,2021:288.
② 吴伟赋.论第三种形而上学:建设性后现代主义哲学研究[M].上海:学林出版社,2002.

422 美元。

　　清朝初年经济较弱,但随着时间的推移逐渐恢复并发展起来。乾隆时期人口恢复到 2 亿,为了满足粮食需求,清朝采取了开垦荒地、移民边区及推广新作物等措施以提高生产量。国内与国外的贸易也有所提升,使得农业经济相对发达。手工业方面,纺织和瓷器业成为重要产业,其中棉织业的地位逐渐超越丝织业。商业在晚清也得到了显著的发展,形成了十大商帮,如晋商、徽商在国内金融业中占据主导地位,而闽商、潮商则掌握了海外贸易的主动权。此外,随着"中学为体,西学为用"的思想逐渐成为主流,朝廷上下开始关注西方科技与经济模式,甚至引起了日本思想家的注意和学习。晚清时期的 GDP 占世界的百分之三十甚至更高,位列世界第一。

　　这两个节点却也是国家内忧外患时期。一个是北方女真族和蒙古族崛起,对中原虎视眈眈,挥兵南下。一个是西方科技崛起,用坚船利炮撕开华夏的豁口,正如孙诒让勘正《顾亭林诗集》之后诗寄章太炎所言,"万里文明空烈火,人间尚有采薇篇。临风掩卷忽长叹,亡国于今三百年"①。

　　金兵入侵,南宋朝廷偏安一隅。叶适愤而上书朝廷,提出:"唐失其道,化内陆为藩镇,内外皆坚,而人至不能自安;本朝反其弊,使内外皆柔,虽能自安,而有大不可安者。"②两宋期间的很多文人也并非空吟,像辛弃疾、陆游、岳飞等人都是文治武功。叶适也是如此。1206 年,韩侂胄北伐失利后,正是叶适挺身而出打退金兵,并构筑了完整的治江防线,无数的流民也得以安置,保卫了南宋半壁江山。

　　叶适的文治武功矫正了道学空谈心性,更是事功学说务实思想的实证,知行合一的典范。明代李贽评价叶适:"此儒者乃无半点头巾气,胜李纲、范纯仁远矣,真用得,真用得!"

　　考量孙诒让在中国近代史践行事功思想的重要性,应该把他放在晚清历史背景下审视。1840 年鸦片战争,1842 年 8 月 29 日签订《南京条约》,1851 年太平天国运动爆发,1856 年第二次鸦片战争,1861 年爱新觉罗·奕䜣会同桂良、文祥上奏《通筹夷务全局酌拟章程六条》,推行洋务运动。1861 年辛酉政变后,慈禧重用洋务派,大规模引进西方先进的科学技术,兴办近代化军事工业和民用企业。1898 年以康有为、梁启超为代表的维新派人士发起戊戌变法,倡导学习西方,提倡科学

① 施春晖.孙诒让诗歌内容赏析[J].天津市经理学院学报,2010(3):74.
② 叶适.水心别集(卷十四)[M].瑞安孙氏诒善祠塾同治九年刻本:07.

文化,改革政治、教育制度,发展农、工、商业等的资产阶级改良运动。

这个时候,孙诒让在晚清风雨飘摇之时走出书斋,救亡图存,无形中多了一些悲壮。孙诒让与晚清很多著名学者和高官多有交往,像张之洞、曾国藩、李鸿章、沈葆桢等晚清重臣与他的父亲孙衣言、叔父孙锵鸣均交往密切。孙衣言中进士后授职翰林院编修,后外放历任安庆知府、江南盐巡道、安徽按察使、湖北布政使、江宁布政使,最后以太仆寺卿致仕。孙衣言为官时,一直将孙诒让带在身边,自小孙诒让就与很多学者、高官熟识。曾国藩是孙衣言的座师,叔父孙锵鸣是李鸿章、沈葆桢的座师,而张之洞是孙诒让的座师,李鸿章、沈葆桢都默认孙诒让为同僚。因为这些关系,孙诒让与洋务运动、维新变法、辛亥革命等时代风云中的领军人物和重要骨干如张之洞、李鸿章、梁启超、沈葆桢、康有为、章太炎、汪康年等人,有着不同程度、不同形式的交往。其间,他开始接触魏源的《海国图志》、徐继畬《瀛环志略》、中译本《地理备考》《海道图说·江图说》等书,并做了很多批注。梁启超、章太炎在上海创办《时务旬刊》,不但给他邮寄刊物,还坐船到玉海楼与他秉烛夜谈。孙诒让读了黄遵宪《日本国志》,明治维新后的日本教育制度,更是激发了他拓宽视野,借鉴西学的热情,深感要让更多的民众看到当下的世界,跟上时代发展的进程才有强国的可能。

正是因为有叶适、孙诒让等践行者,事功学说在历史进程中不断演变、创新和拓展,这无疑对温州经济和华侨经济产生了深远影响。这种影响归结起来,有四点启示:

1. 商业精神的培育

事功学说强调实用、实效,重视商业活动在社会经济中的正面作用,这种思想激励了温州人追求商业成功,鼓励勤劳创业和创新,敢于冒险尝试,形成了浓厚的商业文化氛围,温州华侨在海外的商业活动中也体现出强烈的创业精神和商业敏锐性。改革开放把温州经济盘活,只有改革开放,温州人才能跑到海外去,施展拳腿。20世纪80年代,温州从毫不起眼的东南沿海城市,成为与苏南、珠江一样瞩目的经济崛起新星,除了事功学说里重实效,重勤劳苦干,还有就是脑子活,就是叶适所说"弥纶通变"。温州华侨经济离不开改革开放,离不开市场经济。同样是改革开放,同样是市场经济,温州人的反应和表现迥异于其他地方,能够迅速跳出来,这就是温州人具备了事功学说传承过来的品质、创新的特质。温州人的重商属于传统,宋朝以降,温州人从来没有看不起商业,看不起商人,改革开放,开放市场,打开了温州人身上的枷锁,是驱动温州华侨经济高速发展的主要因素。也正是改革开放,让温州华侨走向世界。

事功学说是成功塑造温州民俗民风的一个遗传基因,温州人的血液里流淌着商业基因。用温州话来表达,就是"温州人会做生意"。在文化基因中还有一点就是海洋文化。可以比较福建泉州、广东潮汕,同样是侨乡,泉州、潮汕地区都是"海上丝绸之路"的节点,唐宋以来都是对外贸易的重镇,冒险、开放的海洋文化盛行。

2. 温州华侨创业的奥秘是睁眼看世界

事功学说的开放性促使温州人和华侨愿意接纳外部信息和资源,通过商会、同乡会、宗亲会等组织,建立起紧密的联系,促进了信息、资本、技术、市场的共享,以及互助合作,加速了华侨经济活动的国际化。温州华侨的成功经验,首先是睁眼看世界。温州近代华侨移民的第一波就发生在1900年大量留学生奔赴日本开眼看世界之后。第二就是温州人特别敏感,学习力非常强,对世界新的趋势潮流,对高科技的发展非常敏感,敏感才能够学到新东西,能够变成弄潮儿。开放的大潮带动了他们有机会到外面去,出海的经历让他们接触到了完全不一样的天地。在商海中,温州华侨就是时代和世界经济潮流中的弄潮儿。为什么说在外贸经济当中,温州华侨经济一段时间里创造"两个80％"的现象,就是因为他们身处世界潮流获得先机。第三就是以事功学说为主导的儒家文化融入温州华侨的血液,敢拼敢闯、敢于冒险,灵活变通。事功思想鼓励技术与创新,温州华侨经济在海外不仅仅局限于传统行业,也不断探索新兴领域如科技、金融、电子商务、高端制造等。事功学说的实践性促使华侨注重市场需求,不断调整经营策略,实现产业升级。

3. 温州华侨的出海之路实证了哲学上的辩证问题

把温州的华侨经济放在事功学说这样一个视角,这里面存在着某种逻辑关系或者说因果关系。讲白了,事功就是干实事,务实主义看效果,不空谈,实干兴邦。目前所检索到的,把温州华侨经济放在事功学说框架之内加以诠释,凤毛麟角。改革开放40余年,海外国内不乏对儒家文化之于大中华文化圈经济崛起所起作用,以及儒家文化在经济快速发展过程中解决人的价值重构等问题进行讨论,比如事功学说强调的义与利的辩证统一问题,守正与创新的辩证统一问题,还有商业与农业辩证统一问题。事功学说的哲学问题在温州华侨经济发展过程中都不同程度获得实证。这些问题不同程度推动了温州华侨经济的发展,契合了事功学说指引下温州华侨的创业实践。温州很多华侨之所以出海,背井离乡,最初肯定是吃不饱饭,瑞安桂峰、枫岭,文成玉壶,乐清磐石,瓯海丽岙,这些地方华侨,所以要四海闯荡,要敢为天下先的冒险,要勤劳务实。先解决吃饭问题,再办实业,再考虑普世价值。改革开放这40多年发展,温州人的事功秉性遇见了改革开放和自由市场的土壤,这恰是温州华侨创业有成就的根本。因为土地少,依靠农业难以为继,所以要走出去。邓小平同志说要把人民的生活搞好,人民满意不满意,拥护不拥护,高兴不高兴,把这三条作为检验我们一切工作的标准,就是让人民活下去,让人民活得好,安居乐业。事功学说的含义也是基于温州经济基础放开商贸市场,让手工业与农业并举,士农工商并举,这个角度审视,与邓小平理论相通的。或者说,弥纶通变对应的是改革开放,通商惠工对应的是市场经济问题。

4.温州华侨身上的儒家文化和价值认同

历史上温州黄金时期,或者说经济鼎盛期,也是人才辈出时期。温州华侨重视教育的印记很深。近年我采访了不少新生代华侨,他们的教育背景,他们的认知让我对温州华侨经济的未来满怀信心和充满期待。前文列举的夏敏、夏远力、黄宇、李万春这些例子都很鲜明。温州人的创造力毋庸置疑,他们在各地能够充分展示自己的梦想,有抱负,而且够努力。70后、80后温州华侨中有很多隐身老板,发现以前就是不起眼的普通人,换句话说很 low 的那种隐身富豪。这与温州文化有关。任岩松先生之前积累了那么多财富,连穿衣服都朴素得很。我认识的好几位70后温州华侨,身家过亿,但汇入人群,丝毫不起眼。务实是其中很小的一点,但是本色。还有就是事功学说中的商业文化重利,但将温州华侨和福建华侨作比较,可以看到,在服装鞋帽行业,温州为何起了个大早,却赶了个晚集,远不如晋江?晋江占地面积仅为649平方公里,常住人口仅有200余万人口,但是晋江市工业总产值超7000亿元,跻身全国工业百强县前三,其经营主体更是超31万户,打造了1个超3000亿、1个超千亿、2个超500亿和2个超300亿的产业集群,拥有完整的产业体系。这是需要温州反思的,像温州真正做大做强的青山、正泰、华峰都是专注几十年的。弥纶通变的温州还需要更好的坚守、坚持。

美国著名未来学家约翰·奈斯比特在其《亚洲大趋势》书中专门介绍了海外华人取得的巨大经济成就及其对世界经济的影响:亚洲十大证券市场中的前1000家上市公司中,517家最大的独立股东是华人,占全部市场资本额的42%。东盟五个国家的上市公司,绝大多数为华人拥有,华人所占份额分别为:泰国81%、新加坡81%、印度尼西亚73%、马来西亚61%、菲律宾50%。华人还控制着亚太地区

90％的中小企业,为社会提供了一半以上的就业机会。在亚洲新兴国家中,华人拥有的财富远远超过其人口比重,华人人口比例和控制经济的比例分别为:马来西亚30％和50％以上、印度尼西亚4％和70％、泰国3％和60％、菲律宾3％和70％。

　　一波又一波的温州海外移民浪潮,成为异乡和故土的全新血液。人员的双向流动,带动了温州观念的更新,也唤起了温州华侨华人对家乡社会的更强烈的情愫。温州华侨华人比同胞走在了世界更前沿的位置,走出去后如何跨越并转身,是这个时代所赋予的新命题,也是大势所趋。从制造到消费、服务、文化、艺术,各行各业都有开拓海外市场的潜力和动力,这将给过去的估值体系带来不同的成长空间。李光耀说:"如果我们不利用庞大的华人圈积极拓展,那实在是愚昧不堪。"温州华侨经济经历了上百年的积淀和蜕变,已具备广泛的国际视野。丰厚的永嘉学派事功学说的文脉优势,以及在千年文化传承中一以贯之的创新能力和实践精神,将助力温州华侨更好地把握全球市场变化,并在适应市场需求的变化中不断探索和实践温州华侨经济有效的发展模式,实现更快、更高效的发展。为温州经济繁荣贡献力量,同时,也能够为其他地区的华侨经济提供有益的启示,共同打造共同富裕的示范样板。

参考书目

1.习近平.习近平谈治国理政(第二卷)[M].北京:外文出版社,2017.11.

2.中共中央宣传部.习近平新时代中国特色社会主义思想学习问答[M].北京:学习出版社,2021.2.

3.周其仁.产权与制度变迁:中国改革的经验研究[M].北京:北京大学出版社,2004.9.

4.周其仁.城乡中国(下)[M].北京:中信出版社,2014.8.

5.周其仁.改革的逻辑(修订本)[M].北京:中信出版社,2017.10.

6.林毅夫.解读中国经济(增订版)[M].北京:北京大学出版社,2014.9.

7.姚洋.经济的常识[M].北京:中信出版社,2022.10.

8.(美)安东尼·帕戈登.两个世界的战争[M].方宇,译.北京:民主与建设出版社,2018.7.

9.翁怡诺.新零售的未来[M].北京:北京联合出版公司,2018.1.

10.吴晶.侨行天下[M].北京:大众文艺出版社,2006.10.

11.李天纲,项宇,陈锦海.从"永嘉之学"到"瑞安新学"[M].上海:复旦大学出版社,2023.4.

12.白永秀.丝绸之路经济带研究[M].北京:生活·读书·新知三联书店,2018.11.

13.施展.破茧[M].长沙:湖南文艺出版社,2021.1.

14.贺雪峰.大国之基:中国乡村振兴诸问题[M].北京:东方出版社,2019.10.

15.黄平,姚洋,韩毓海.我们的时代:现实中国从哪里来,向哪里去[M].北京:中央编译出版社,2006.7.

16.(美)弗朗西斯·福山.历史的终结与最后的人[M].陈高华,译.桂林:广西师范大学出版社,2014.9.

17.吴伟赋.论第三种形而上学:建设性后现代主义哲学研究[M].上海:学林出版社,2002.3.

18.陈明胜.晚清民国时期地方自治的内在困境及其现代启示研究[M].合肥:合肥工业大学出版社,2018.4.

19.郭成康.清代政治论稿[M].北京:生活·读书·新知三联书店,2021.8.

20.西方经济学编写组.西方经济学(第2版)[M].高等教育出版社,2019.9.

21.曲达.政治经济学批判研究:从黑格尔到马克思[M].北京:中国社会科学出版社,2021.6.

22.程晓,邓顺国,文丹枫.服务经济崛起:"互联网＋"时代的服务业升级与服务化创新[M].北京:中国经济出版社,2018.3.

23.零售老板内参.新零售时代:重构商业模式与营销实战[M].北京:中国铁道出版社,2018.3.

24.邓达,黄立君.全球化与中国经济[M].北京:首都经济贸易大学出版社,2021.9.

25.王伟光.当代中国马克思主义的最新理论成果:学习习近平新时代中国特色社会主义思想[M].北京:中国社会科学出版社,2021.3.

26.(法)亨利·柏格森.创造进化论[M].高修娟,译.北京:北京时代华文书局,2018.5.

27.徐辉.旅欧丽岙华侨华人口述历史[M].上海:上海社会科学院出版社,2022.3.

28.金三益.琵琶情:高明传[M].北京:作家出版社,2015.7.

29.孙衣言.瓯海轶闻[M].上海:上海社会科学院出版社,2005.11.

30.(英)彼得·弗兰科潘.丝绸之路:一部全新的世界史[M].杭州:浙江大学出版社,2016.11.

31.戴文标.经济学[M].杭州:浙江大学出版社,2013.3.

32.徐辉.在日华侨华人与印侨文化适应的比较研究[M].北京:中国社会科学出版社,2021.5.

33.汤秀莲.政治经济学[M].北京:清华大学出版社,2013.3.

34.贾益民,庄国土.华侨华人研究报告(2021)[M].北京:社会科学文献出版社,2021.12.

35.谢伏瞻.2020年中国经济形势分析与预测[M].北京:社会科学文献出版社,2020.1.

36.王健,王春光,金浩.2019年温州经济社会形势分析与预测[M].北京:社会科学文献出版社,2019.5.

37.王健,王春光,金浩.2020 年温州经济社会形势分析与预测[M].北京:社会科学文献出版社,2020.6.

38.王健,王春光,金浩.2021 年温州经济社会形势分析与预测[M].北京:社会科学文献出版社,2021.6.

39.王健,王春光,金浩.2022 年温州经济社会形势分析与预测[M].北京:社会科学文献出版社,2022.7.

40.胡小远,陈小萍.蝉蜕:晚清大变局中的经学家[M].北京:北京大学出版社,2018.11.

41.金柏东.温州历代碑刻集[M].上海:上海社会科学院出版社,2002.12.

42.郑永年.大变局中的机遇:全球新挑战与中国的未来[M].北京:中信出版社,2021.7.

43.李小云.贫困的终结[M].北京:中信出版社,2021.4.

44.章志诚.章志诚集[M].合肥:黄山书社,2011.2.

45.朱礼.文成华侨志[M].北京:中国华侨出版社,2002.12.

46.温州华侨口述史课题组.闯天涯:温州华侨口述史(第一辑)[M].杭州:浙江大学出版社,2023.10.

47.浙江省外事志编纂委员会.浙江省外事志[M].北京:中华书局,1996.12.

48 宋维远.瑞安市志[M].北京:中华书局,2000.12.

49.温州市地方志编纂委员会.温州年鉴 2006[M].北京:中华书局,2006.11.

50.温州市地方志编纂委员会.温州年鉴 2007[M].北京:中华书局,2008.3.

51.乐清华侨志编纂委员会.乐清华侨志[M].北京:中国文史出版社,2007.12.

52.《青田华侨史》编纂委员会.青田华侨史[M].杭州:浙江人民出版社,2011.7.

后　记

　　严格意义上,《四海创生》是我 2022 年出版的长篇非虚构作品《出海记》衍生品。原来我没有打算写学术方面的书,我的兴趣点更多集中在文学创作上。对于经济学,我非科班出生,除了当年因写作中篇小说《匆匆脚步》,而研读了亚当·斯密《国富论》、周其仁、林毅夫、姚洋教授一些专著,收集了部分国内涉及股份制改革的案例,没有做过经济学方面的系统研究。若不是吴伟赋、张一力教授、张晓华兄、黄宇兄对我的指导、鼓励和不遗余力的帮助,不可能有这本《四海创生》。书稿初稿出来后,瑞安市委宣传部、社科联给予了很大支持,将其列入瑞安文化研究工程项目。

　　我出生在侨乡瑞安市湖岭镇,在故乡工作十年,身边的同学、学生中华侨很多。又在教育行政部门工作十五年,接触了众多海外华侨,故而获得温州华侨经济相关案例不难。2016 年,我前往意大利,从南部到北部自驾 20 余天,采访了不少温州华侨,从餐馆到皮革工厂,从大型商超到贸易批发,从唐人街到海岛,从耄耋老人到稚气未脱的少年,从科学家到一线工人,从老板到餐馆服务员,各个年龄,各行各业,应该说采访对象齐全,收集资料完备,光录音就用了近一个储存硬盘。也就是从这一年开始,持续到 2019 年,相继走了十来个国家,采访了 400 多位华侨。2020 年,我与《凤凰网》签约撰写专栏文章,后在温州市委统战部和瑞安市侨联的支持下,选择其中有代表性的 15 位华侨为原型,创作出版了 38 万字的《出海记》,依托永嘉学派的哲学维度,对海外温州华侨华人的创业史做了记录和梳理。新书在温州肯恩大学发布后,引起了广泛关注,国内四十多家媒体做了报道。

　　温州海外华侨的创业史阶段分明,与中国经济发展的波段同频共振,国内经济的每个峰谷都成为影响海外华侨移民和创业的重要因素。2024 年 7 月底,我将书稿《四海创生》送交浙江大学出版社宋旭华主任,8 月 1 日又再次前往法国、德国、荷兰、意大利,以视频和口述方式进行采访,这次采访重点是 80 后华侨新生代。23 天,我走访了 9 个城市,做访谈,到新兴企业做相对深度的调研。回来后用了一个多月时间,对书稿进行增补与修改。年底,适值梁文锋的 DeepSeek 和王兴兴的宇树科技出圈,杭州六小龙再次引爆中国经济的新浪潮,与我这次采访杨正彬、王文俊、李万春、潘颂勋、夏远力、黄宇、金立人、李剑、宋胜仲、周夏敏等新生代华侨新经济,可谓遥相呼应。华侨经济在当下世界经济潮流和政治格局背景下,出现了深度变革和翻天覆地的变化,能源管理、新零售商超、金融、餐饮连锁、医疗器械研发、人工智能、光伏、律师事务所、经济师事务所等,与世界经济潮流充分接轨。2024年的采访,我也看到了欧洲经济的大变化,温州华侨经济遇到了很大挑战,天然气、石油、原材料、物流、人工成本都在显著增加,比如安科纳,很多皮鞋工厂关门、裁员,普拉托的制衣工厂一面是企业数量快速增长,另一面是销售总量与营业额在下降。特别是法国巴黎,原先以为是暑期旅游旺季,又叠加奥运会,旅馆、餐馆、奢侈品店肯定会爆满,结果却是大相径庭,我们入住的旅馆价格是之前的三倍,但几乎看不到住客。我们在胡镜平的卢浮免税店采访,据店长介绍,奥运会之前,他们预测今年肯定会生意大热,想不到现实却出乎意料,日营业额同比不及2023年的一半。整个世界就是一片不可分割的蓝海,贸易战和俄乌战争、巴以战争引起的飓风海啸,没有哪里可以幸免。故"出海""转型""改道"这些词语成为温州华侨经济的新行为,造就了经济崛起的新势力。这些现象让我想到了1998年温州人移民海外的热潮,背景似乎有些相似:1997年从泰国开始的亚洲金融危机,蔓延至马来西亚、新加坡、日本、韩国等地,1998年继续影响全球金融市场,许多国家的货币大幅贬值,经济受到重创,中国也受到了波及。另一个事件是1998年5月13日至16日的印尼排华事件,在印尼棉兰、雅加达、梭罗等城市发生了一系列针对印尼华裔等少数社群的暴动。在经济浪潮和社会运动的裹挟下,温州华侨的人群却在悄然间产生新流向,将此现象放置在时代变革和事功学说发展的路径中审视,细致深思,似乎能够搭上脉搏。

时代在变化,写作《四海创生》的初衷,就是在调研和总结中寻找华侨经济实践样本的基本规律和经验借鉴。温州经济和温州华侨经济,都是中国热土上山海巨变的镜子。在两年写作期间,我多次前往上海与张晓华兄、黄宇兄和夏远力深度探讨世界经济发展问题,他们的真知灼见极大开阔了我的视野,也丰富了本书的厚度和广度。我在撒丁岛采访,遇到了一位瑞安枫岭华侨,他被岛上华侨亲昵地称为"舅爹",他和文成侨领胡绍初向我详细讲述了几十年撒丁岛上华侨的经济变化,特别提到一个信息,2018年到2023年10月,岛上几乎没有增加新的温州华侨。而2023年10月开始,申请出来的年轻人一下子增多了。这种现象与1998年十分相似。那一年温州出国的人特别多,不只是到意大利,南美、东南亚、欧洲都差不多。

2000年前后,意大利经济出现了衰退,佛罗伦萨做包的华侨工厂一下子生意寡淡了。人口红利,国内劳动力成本相对较低,原材料成本便宜,叠加国内物流的快速发展和加工制造业的迅速崛起,特别是2001年中国加入WTO,很多华侨转行做贸易,从广东、浙江义乌、福建、江苏等地直接发货,欧洲这边做包、做鞋、做皮具的许多轻工业工厂生意锐减,海外华侨的业态重新洗牌。其中最突出的,是国际贸易带来了巨大经济利益空间。钱似乎比办工厂做苦力活更好赚,也更轻松。以前在佛罗伦萨,开个工厂,一年赚30万欧元,不是容易的事情,做了贸易,只要有门路,钱来得快。这种状况持续到2008年,海外生意又回落了,做贸易又不行了。2008年的美国次贷危机以及次生的2011年欧债危机,席卷了全球,其过程之快,影响之巨,可谓始料未及。这是自20世纪30年代大萧条以来全球最严重的一次金融危机,对温州海外华侨经济也产生了重大影响。

后来两年又好起来了,特别是靠近佛罗伦萨的普拉多,温州人一下子多了起来,基于这里的传统纺织业,温州女装男装市场与其迅速对接,原来散落在世界各地的裁剪制衣行业纷纷往这里聚拢,形成具有鲜明温州印记的世界性特色市场。全普拉托大概有3000家以制衣裁剪印染印花为主打的工厂,温州华侨所占数量不少于60%。与温州相呼应的以佛罗伦萨为中心向周边辐射的皮革皮具市场,也逐步呈现了温州特色。还有就是温州人在全国各地开超市的经营模式,也搬到了欧洲、美洲,最近两年则转到了非洲。他们一改以前的做法,小店升格为大店,开大的商场,几千平米到几万平米,餐馆则开连锁,将经验加以复制,降低人工成本和材料成本。有人反映生意越来越难做,也有人不这样想,反倒认为生意越来越好做,钱越赚越多。只是时代不一样,方式不一样,人也不一样,因为老一辈的人跟新一辈的人时代、观念都产生了变化。生活和理念不一样,实际上就是价值观不一样。站稳了脚跟、扎实了营盘的温州华侨,也不像以前拼命干活,生活质量全起来了。普拉托、米兰中国街,巴黎美丽城,时隔六年,我看到的最大变化是多了很多温州华侨经营的旅游公司、法律咨询公司。现在欧洲温州华侨还掀起打高尔夫热,打完高尔夫去旅游,全世界奔跑。美国社会学家W.F.奥格本在1923年出版的《社会变迁》一书中提出"文化堕距"概念,他用这个概念来说明在社会变迁中由于社会各部分变化的速度不同而产生的种种问题。在社会变迁的过程中,物质文化与科学技术的变迁速度往往是很快的,而制度与观念等部分的变化则较慢,这就产生了一种迟延现象。奥格本认为,有的迟延现象可延续较长的时间,有时甚至达数年之久。这种迟延产生的差距即文化堕距。物质文化的变化推动了温州华侨生活观念和价值观的改变,经过上百年的温州华侨的奋斗,非物质文化中的价值观、社会规范等逐渐趋同物质文化的发展,这种变化也验证了法国温州侨领陆晓锋提出的"双重边缘"向"双重主流"转变的内在需求。

这种价值观的转变跟物质基础很有关系。比如打高尔乎球,除了有相对自由支配的时间,还要有一定的经济基础。在创业上也进入了一个平稳期,不需要花很多的时间。老一辈跟新一辈的区别也就在这里体现出来。老一辈的温州华侨即便已经积累很多财富,还是拼命干,理念是赚钱给子女。新一代华侨不一样,明确对父母说,你不用留钱给我,他们观念是"自己赚钱自己花",不像父辈没有休息,没有什么娱乐,没有属于自己的生活。当下逆全球化经济背景下,欧洲经济不断下滑,在这种趋势中欧洲人的压力本来应该很大,但在欧洲四国,我看不到那种焦虑的面孔,不像国内的中产阶级。这主要取决于心态,取决于对生活本质的认识。欧洲人更多的是为自己而活,为当下而活。而中国传统文化里,更多是为他人而活,未雨绸缪。在海外采访中,感受比较深的还有国内企业受外在干扰过多,给许多企业带来了深重的倦怠感,疲于应付各种检查,忙于各种接待。在欧洲做生意,应酬很少,老外没有请客吃饭的习惯。我给货,你给钱,老外就实打实的,你搞得太熟,那就有问题了。中国人喜欢酒桌上谈生意,在欧洲这边吃饭只讲风花雪月不谈生意,你开玩笑也好,该做什么都没问题,生意就不谈了。这种酒桌文化的差异也在新一代温州华侨身上越来越淡化。

温州华侨在海外聚集的城市,基本上都有鲜明的产业特点。比如在安科纳,整个产业链细分,从鞋子上游到下游,温州华侨都参与了进来。同样做皮鞋,可以做男鞋、女鞋、童鞋,还有做品牌代工。还可以抱团去进货,原材料量大,成本就降低了,同样的东西会出现不一样的价格优势。还有就是品牌意识,我做我的系列,你做你的系列,同行业的人还可以坐下来,天天当朋友。不像原来产业集中,大家都钻牛角尖,我做鞋,你也做鞋,等于是动了别人的蛋糕,心里就会不爽。

这种从意识形态到经济行为的变化和现实趋势,如果将其与事功学说的哲学内涵予以观照,实际上就是其理论在新时代的实践、拓展和验证。自北宋时期温州最早一批华侨闯荡世界,到21世纪温州华侨海外创业版图不断跨越,闯荡方式不断创新,可谓四海创生、革故鼎新、生生不息,事功学说的涵义在螺旋式的波动中也迭代上升和丰富、饱满。2024年8月底,我从米兰回温后,新生代华侨的创业趋势以及各种新型的经济业态,给了我全新的思考和启示。张晓华兄建议我再写一本新生代华侨的创业著作,这正是我所希望的。温州华侨的故事有太多的内容可以书写,每一次的凝视,确实都是全新的阅读和升华。在渐行渐远的马蹄声里,时代飞车已再次拐弯、转型,期望关于温州华侨的书写能给关心和帮助我的人带来新的触动和共鸣。

此书的出版得到了许多人的指导和帮助,包括书中提到的杨鲁军、吴伟赋、张一力教授,还有张晓华、黄宇、夏远力、陆晓锋、郑旭涵、金宗存、程承钢、黄国权、杨正彬、詹德山、杨志产、陈其成、项小明、张云、詹志明,浙大出版社陈洁总编辑、宋旭华主任,责任编辑潘丕秀,瑞安市委宣传部孙寒星部长、陈锦海副部长,瑞安市委统战部林圣赞部长、陈小芳副部长,瑞安侨商会会长朱良仕先生,以及采访期间给予悉心帮助的众多朋友,还有我的同事徐凡弟、王双、王晓寅、虞臣杰等人,在此一并深表谢意。

金庆伟
2025 年 3 月 27 日于飞云江畔溪山云庐